人生に期待するな

北野武

画：北野 武
カバー・表紙デザイン：渡邊民人（TYPEFACE）
本文デザイン：谷関笑子（TYPEFACE）
編集：井関宏幸（扶桑社）
構成：石田雅彦
校正：小西義之
企画協力：T・Nゴン

まえがき

昭和から平成、令和ときて、日本も大きく変わった。オイラが芸人になって、メチャクチャやってた時代は、もう遠い昔だ。

バブルなんてのを知らない世代も増えたし、オウム事件と阪神・淡路大震災っていったい何？　って言う連中も多い。21世紀に入ってから郵政選挙があってリーマンショック、そして東日本大震災と原発事故が起きた。

いくら世間知らずでも、地球温暖化や異常気象が問題になっているのはさすがに知ってるだろうし、新型コロナのパンデミックだって身近な問題だったに違いない。世界中に疫病が蔓延する映画みたいなパニックなんて、スペイン風邪以降、経験することがあるだろうかって思ってたけど、あんなウイルスが出てくるくらい、地球がよっぽどおかしくなってるんだろう。

温暖化もデフレも新型コロナも、同じ地球上の末期的な症状なんだから、これからも予期できないようなパニックが人類を襲うかもしれない。巨大隕石が地球に衝突する、なんてことだって絶対に起きないなんて誰にも言えない。

少なくとも、変化のスピードはどんどん加速するから、いろんなテクノロジーの進化に乗り損ねるヤツが増えていくだろう。乗り損ねた連中を食い物にする「オレオレ詐欺」みたいな犯罪も増えていくんだろうし、自分が何をやってるのかわからないでただ生きてるだけの、お互いの顔も知らないような連中がインターネットの闇サイトに集まって、自らそんな犯罪に組み込まれたり、巻き込まれていくんだろう。

「常識を疑え」なんて言葉がある。この言葉はけっこう昔からあって、これは常識的な考え方や思考からは、あんまりおもしろいもんは生まれないって意味なんだね。例えば、科学の発見だって、それまでみんなが考えていた学説とか学会での常識を疑った人間が画期的な発明をしたりするんだよ。

でも、今の時代、ＡＩだのＣｈａｔＧＰＴだのが横行し、みんなが考える常識なんてものもいったいあるんだかないんだか、よくわからなくなってる。ＡＩの考えたことが常識になるなんて、何のブラックジョークだよって思う。

ＣｈａｔＧＰＴなんてのはインターネットの情報を寄せ集めて、プログラミングでもっともらしく文章にしてるだけなんだから、ＣｈａｔＧＰＴが考えたことが常識ってことになると、もういよいよ常識ってやつを疑わなきゃならなくなる。

ネット上では情報が独り歩きしてるし、マイナンバーカードなんてものができて、いよいよ個人個人、一人ひとりの情報まで丸裸にされかねない。こんな時代だからこそ、しっかり自分ってものを持ってないと、自分の稼ぎや権利、個人情報まで根こそぎ誰かに持っていかれちゃうかもしれないんだ。

ビッグデータなんていうけど、個人個人の情報がこれだけ根こそぎ抜かれまくり、ＧＡＦＡＭだかなんだか知らねえけど、誰かアカの他人の手に渡ってしまうような時代は人類史上、初めてのことだろう。その情報だって怪しいもんで、自分が知りたい情報が本当に正しいかどうかわからない。ＩＴだの情報化社会だのと言ったって、その情報の価値ってのはいったい誰が決めるのかわからないんだから。

この本はオイラが考える人生について書いてみた。あちこち脱線しつつも、この大変化の時代をどうやって生きていけばいいのか、そんな心構えみたいなもんを書いてみた。

人間、誰だっていつかは必ず死ぬ。これが、この本に流れるテーマみたいなもんだ。人生なんてものは、生まれてから死ぬまでの時間にすぎない。天才も凡人も金持ちも貧乏な人も日本人もジンバブエ人も、等しくいつか必ず死ぬわけだから、成功しようが金持ちになろうが、平凡なサラリーマンで終わろうが貧乏のままだろうが、どれも等しく同じ人生なんだよ。

のっけから身も蓋もないことを書いちゃったけど、この本が、生きにくいとか生きづらい、なんて言われてる今の時代を生きていくうえで、なんかの手助けにでもなってくれたらオイラ、ちょっとうれしい。

北野 武

もくじ

第一章 このおかしな世の中はどうできているのか

第二章

人生をどう生きるか

第三章

エンターテインメントの怖さ

第四章

人間いつかは誰だって死ぬ

第一章

このおかしな世の中はどうできているのか

みんな、ニワトリ小屋のニワトリだよ

今の世の中、おかしなヤツばかりになっちまった。オイラ、最近そう思うんだ。

ネットのＳＮＳなんかで集められてフィリピンかどこかから指令を受けた連中が、たかだか１００万円程度のことで強盗殺人をして、一生を棒に振るようなことをやっちまう。

なんで、そんなことをやるのかといえば、はした金でたきつけられ、いい生活ができるなんて言葉で誘われてしまうんだね。指令を出してる連中は安全な外国にいて、ネットに書き込んで指示するだけで何億円も稼いでるんだけど、雇われた連中は自分たちだけがリスクを背負わされてるってこともわからない。

ネットのSNSってのは、不特定多数のたくさんの人がいるように思ってるんだろうけど、実はものすごく狭い世界に同じような人間が集まっていて、例えて言えば学校の教室の中くらいの世界なんだよ。

YouTubeなんか見てると、クラスの人気者程度の連中が出てきてバカなことをやっていて。最初はそんなの誰も見向きもしなかったけど、社会が学校の教室の中くらいのちっぽけな世界になっちまったから、YouTubeに人が集まっちゃったんだよね。

お笑いの世界だって、学校のクラスの人気者程度のちっぽけなものに戻っちまった。全てが小さくまとまっちまってる。

こうしたことを逆手にとって、プラットフォームだかなんだか知らねえけど、SNSとかYouTubeって舞台を用意して、そこに出たがってるクラスの人気者を使ってカネを儲けている連中がいる。そうしたちっぽけな世界に集まる連中がいれば、一方には、あたかもそれが社会全体だと思い込んで、SNSやYouTubeを見てる連中がいる。広告が絡んでるから、結果的にそんなのに金を払ってる大多数の連中がいて、大儲けする連中とお布施のように日々金をむしり取られるその他大勢の連中がいて、もう完全にこの世界は二極化しちまってるんだ。

ネットに浸り込んでる連中ってのは、いわばニワトリ小屋のニワトリみたいなもんで。それはどういう意味かっていうと、スマートフォンを全員が持たされて、サブスクリプションなんかで毎月せっせと金を払ってる。

つまり、タマゴを産むためにニワトリ小屋に囲われてるニワトリみたいなもんなんだよ。スマートフォンを使わせている連中は、それをよく知ってるから、いかに効率よく金を使わせるか、金をむしり取るかって方法に知恵を絞っているわけだ。

ひとりでも生きていけるのに

若い人を含めて多くの人は、こういった仕組みにだまされてカネをむしり取られ続けてるわけだけど、金を吸い取られて抑圧されている人にとってみれば、やっぱり希望の光みたいなもんが必要なんだよな。それが「誰でも夢をかなえられる」とか、「人と違ったことをやって輝く」みたいな言葉なんだろうね。

「誰にでも何か特技があるんだから、それを伸ばしていけばいい」なんて言われて、なんの才能もないのに子どものころから勘違いしてプロのサッカー選手なんかを目指してしまう。

できないものはできない、無理なものはどうやったって無理なんだけど、そうしたことをちゃんと言ってやる大人がいないんだから、残酷といえば残酷なことだ。

マーケティングでいえば、広告代理店なんかが一生懸命、考えてるんだろうけど、いかに間抜けな大衆を操るかに尽きるんだよ。ナチスのヒトラーがやったやり口と同じなんだけど、今の大衆のほとんどは、むしろ喜んで進んで浸りきっちゃってるのがおかしいんだ。

SNSなんかを見ていて思うんだけど、今は「みんなと同じ方向へ行かないと脱落しちゃう、仲間はずれになっちゃう」なんて考えるヤツが多いんだよね。みんなと同じような行動をしたり、同じような考えを持たないと、疎外感に陥っちゃう。

人間ってのは、たいがい集団の中にいれば安心できる生き物なんだよ。だから、よく「人間は社会的な動物だ」なんて言うわけだ。

そのせいで、学校でのイジメなんてのがあったら自殺しちゃう子が出たりする。「集団の中にいなくたってひとりでも生きていけるんだ」って大人が教えてやりゃ、その子は「学校になんか行かなくてもいい」って考えて、自殺することもなく生きていけただろう。

でも、人間は集団の中にいるのがやっぱり居心地はいい。そうした人間の習性をよく理解した連中が、いろんなビジネスモデルを考え出して、みんながやってることを疑いもなく見習って行うような大衆から、金を巻き上げている。

ネットのSNSってのは残酷なもんだ。リアルの世界では何もできないような匿名の連中が、鬱々とした気分をSNSで誰かにぶつける。不平不満や嫉妬なんかのネガティブな感情を、たまたま見つけたターゲットに向かって吐き出してるわけだ。

オイラなんて、テレビでの発言を適当に切り取られてネットニュースのネタにされてたりする。YouTubeなんかでも、あることないことを無責任に勝手にしゃべくり散らかしてるヤツがいるようだ。

オイラは全く気にしないけど、オイラの周りにいるスタッフが心配して耳に入れてくることもある。例えば、オイラとサザンの桑田佳祐が仲が悪いとか、女優の菅野美穂と映画の現場でモメたとか、島田紳助と仲違いしてるとか、有吉弘行のことが嫌いだとか、全く根も葉もないことがネット上で広がっている。

桑田佳祐の映画でいろいろあったのなんて、もうずいぶん昔のことなんだよ。もしも仲が悪かったら映画『浅草キッド』の主題歌に桑田佳祐の曲を使ったりしないだろう。菅野美穂とだって何のトラブルもないし、紳助とは、オイラほとんど話したこともないんだから仲違いもヘチマもない。有吉についてだって全く何も思ってないし、むしろ応援してるくらいだ。

こんなふうに言われっ放しもシャクに障る。だけど、オイラには反論する場がない。YouTubeに自分のチャンネルを作って何かを発信するのなんて気が進まないんだけど、やっぱり世の中は変化していく。テレビなんかは、いずれ衰退してオイラが何か言う場所も少なくなっていくだろう。

金を吸い上げる仕組みだとか言ってSNSやYouTubeの悪口をいろいろ書いてきたけど、桑田佳祐や菅野美穂なんかもトバッチリくって迷惑だろうし、これからはオイラ、ネットで発信したり映画の配信なんかをすることも考えてるんだ。金を吸い上げる側のひとりになるのは嫌なんだけどね。

芸能人やスポーツ選手なんかも、わざわざ自分が叩かれてるSNSをのぞきにいかなきゃいいのに、そこへ入った途端、もう抜けられなくなって袋だたきにあって、精神的に追い詰められたりする。ああいうのは、ニワトリ同士がクチバシでつつき合ってるニワトリ小屋に自分から入ってくようなもんだ。

もうそろそろ、こんな不毛なやりとりをするための薄っぺらいスマホなんかとは手を切る時期にきてるんじゃないか。スマホなんか捨てちまって自由にならないと、みんなどんどんおかしな世界に入り込んじまう。

あんなものに依存しているから、毎月、お布施のようにチャリンチャリンと金をむしり取られ、自分の頭じゃ何も考えられなくなって、しまいには精神が不安定になる。スマホ依存、ネット依存なんてのは、奴隷の手鎖と一緒で、これは自分から好きこのんで奴隷になってるようなもんなんだ。

人工知能に支配される集団

ＩＴという言葉に代表されるように、インターネットを使った全く新しいビジネスモデルみたいに言うヤツがいっぱいいるけど、実はいかに多くの人間をだまくらかして金を儲けるかということに尽きるんだよ。

例えば、ＹｏｕＴｕｂｅを見てると、マッチングアプリの便利な使い方が紹介されていたりする。これってつまり、マッチングアプリを使ってマルチ商法に勧誘したり売春に利用したりする連中が、ＹｏｕＴｕｂｅでいろいろとその手口なんかを報告してるってことなんだよな。マッチングアプリっていやあ何でも通ると思ってるんだけど、その実態はマルチ商法の引っかけサイトだったり、売春斡旋とかパパ活専用サイトだったりするわけで、マッチングアプリと言い換えてるにすぎないわけだ。

プロフィールのところに自分の趣味なんかが書いてあるんだけど、いきなり最初のやり取りからして「シャネルのナントカが欲しい」なんて買い物の話題になっちゃってる。食事はいくら、夜のお付き合いは3万円から、なんて書いてあって、そういうのをお前、売春っていうんだよ、というね。

人間ってのは町を歩いていても他人の頭の中はわからないし、何を考えてるのかわからない。マッチングアプリってのは、頭につけた電球がピカピカしてセックスできる相手がわかればいいな、なんて考えたヤツが作ったんだろう。でも、マッチングアプリなんていったって、しょせんはマルチ商法の勧誘という詐欺だったり、パパ活という売春だったり、人類が誕生してからずっとやってきた古典的な手口で、いくら技術が進歩したって人間の本性というのは変わってないってことだ。

ネットを利用したり、自分たちに都合のいいシステムを作って金儲けしてるような連中はしたたかだ。夢をなくした人に対してフォローしているような上手さもある。

これはマッチポンプで稼ぐようなもんで、麻薬の売人が麻薬更生施設を経営してるのと同じなんだよ。だから、どう動いたって金を取られちゃうという仕組みになってる。

どうあがいたって金を取られるっていえば、高速道路のサービスエリアも同じようなもんだ。いったん高速道路に入っちまったら、目的地まで高速道路から降りられない。仕方なくサービスエリアの食堂に入ったら、まずいのにバカに高い値段のメニューばかりで、こんな店、いったい誰がやってんだって考えたら、国土交通省の天下り役人が運営する道路会社みたいなとこだったんで呆れたことがある。そこでしか食えないんだから仕方ない。連中ってのは、金のなる木はとにかく独占しようとするんだよ。

オリンピックの汚職だってそうだよ。何兆円もの経済効果があるって言ってたヤツはどこに消えたんだってなもんで、広告代理店から何からとにかくオリンピックにかこつけて金を儲けようとしたわけだ。今では金がかかりすぎるからオリンピックはごめんだっていう国があるってくらいなのに、無理矢理引っ張ってきてこんなことになっちまってどうすんだよ。

東京オリンピックの収支なんて赤字もいいとこなのに、儲けたヤツはたくさんいて、結局のところ赤字は国民の税金を使うわけだ。国、つまり税金からふんだくるのが一番、儲かるんだろうな。

あと最近になって危険だと思うのは、ＣｈａｔＧＰＴみたいなＡＩを使って、国がみんなの意見を吸い上げて、国に都合のいいような方向へみんなを向かわせる情報を出すようになることだ。国に都合の悪い情報や意見が認められなくなると、恐ろしいことになりそうだね。ＣｈａｔＧＰＴと違う意見を言うヤツは、すごく阻害されるようになるかもしれない。

ＣｈａｔＧＰＴみたいなものによって、いつの間にか洗脳されていって、支配する側に都合のいいようなヤツ、そんなヤツがどんどん生み出されていくことになりかねないよね。そうした支配される側のヤツは、生まれてから死ぬまで何の疑問も抱かないで生きていくような世界になっていく、そんな怖さがある。

0と1みたいに単純化したらつまらない

今の時代、どんなことでも正しいか正しくないかを決めようとしている。

これは、0か1かというデジタルみたいなもんだ。コンピュータの計算では、0と1は基本なんだよ。今はその次の段階で、量子力学でいう量子の重ね合わせっていうのがあって、それを使った量子コンピュータなんてものができつつあるんだけど、現実世界のほうはいまだに0か1かみたいなことをやってる。

だけど実際には、いいか悪いか、正しいか正しくないかってせめぎ合いの中からポトリと落ちたものに価値があることが多い。

いいか悪いか、正しいか正しくないかじゃなくて、つまりそのどちらでもないものが出てくるのが科学的な発見や思想、自然界の現象のおもしろさだと思う。だけど、それを必ずいいか悪いか、正しいか正しくないかのどちらかに決めてしまうっていうのは、実に不自然なことなんだよ。

なんでもかんでも、目先のわかりやすい判断の基準に当てはめようとして、それに頼ろうとしてしまう間違ったやり方が横行してる。わかりやすい回答を欲しがった結果、それを変に勘違いしてコンピュータにやらせようとしてるのがChatGPTみたいなAIなんだよ。コンピュータも自分で考えるようになりました、なんて言うけれど、しょせんアレは人間が作ったデータを集めてるだけだろ。

一方で、量子物理学の世界には、人間がまだ完全には理解できないような量子の歪みや量子の振る舞いっていうのがあって、実際にはもっと複雑な世界が存在している。だけど、今の連中は電気のプラスかマイナスか、デジタルの0か1かみたいにはっきり区切ってしまうように、それを単純化してしまうわけだ。

例えば、映画の場合、フィルムの時代があって、フィルムってのは化学反応で画像が定着したものだから、４Ｋとか８Ｋとかいって、いくらデジタルの画素数が多くなったって、実際は太刀打ちできないほどフィルムの解像度のほうが優れている。

もちろん、人間の眼の解像度なんてたかがしれているから、デジタルで画素数が多くなってくると、普通の人間じゃフィルムと見分けがつかなくなっているだけなんだ。つまり、普通の人間だとフィルムとデジタルの区別がつかなくなる解像度ってのがあるんだけど、人間の聴覚では聞こえない波長をカットしてる音のＣＤ規格と一緒で、フィルムはデジタルとはどこか何かが違うっていう感覚がある。

よく照明さんと話すんだけど、照明さんくらいになると明らかにフィルムの解像度のほうがデジタルなんかよりも優れていることがわかるっていう。音楽だと、誰にでも直感的にライブのほうがいいっていう感覚があると思う。それが映像にも、ＣＤなんかの再生音源とライブで生で聴くこととの絶対的な違いのようなものがあるんだよ。

今の世の中の考え方や生き方、思想もそれと同じで、いいか悪いか、イエスかノーか、プラスかマイナスかでCD音源みたいにグッと収縮してしまう。いいか悪いかじゃ分けられない、いくらでも違う意見があるはずなのに、簡単にイエスかノーかを決めてしまうんだ。

ハリウッドなんかの映画製作には莫大な金がかかるから、興行的には絶対、失敗できないっていうケースが多い。だから、脚本なんかの選定でも、最近はAIを使って、万人受けするストーリーをベースにして選んだり台本を作ったりするようになっている。

恋愛ものだったら必ずふたりの間に乗り越えるべき壁とか障害があるって設定になってて、その壁を乗り越える最適な方法も用意されてて、紆余曲折もいろんなパターンの中から取捨選択して、なんて具合に脚本を作って映画を撮っていくわけだ。だけど、そんなふうに映画を撮って、いったい何がおもしろいんだろうなってオイラなんかは思うね。そもそも、AIが計算ずくで作った台本で、人間ってのは感動できるんだろうかって疑問がある。そこには何の意外性もなければ、どんでん返しもないわけで、予定調和でＡＩに導かれるままに感情をコントロールされているだけだ。

楽に生きられるというシステムの罠

社会のシステムがそうなってるんだよね。例えば、裁判でも判例を踏襲しかしていないんだから。判例至上主義というシステムがすでに構築されてしまっている。あらゆる社会システムで、いわゆる常識というものがまかり通るようになってしまえば、その範囲の中でしか生きていけなくなっていく。じゃ、その範囲を誰が決めてるのかといえば、為政者や権力者、金持ち連中なんかが決めてるんだよ。

ＣｈａｔＧＰＴに司法試験を受けさせたら通っちゃうわけで、そうすると今のシステムの正解、つまり常識の範囲がＣｈａｔＧＰＴから出てくるようになる。それは間抜けな問題集みたいなもんで、問題の解き方が書いてあって、その通りにやれば回答できちゃう。その結果、ＣｈａｔＧＰＴの回答しか正しいと認められない世の中になるんだけど、それはその回答の範囲で行動すれば、楽に生きていけますよ、ということなんだ。

自分では気づいてないヤツもいるだろうし、あえて考えるのをやめちゃってるヤツもいるだろう。その結果、「そのほうが楽に生きられる」なんて甘い文句にだまされるヤツが多くなれば、それはただ社会のシステムの中で生かされているだけの存在なんだよ。

ただ、あんなＣｈａｔＧＰＴの回答なんてのはいくらでも操作できるんだから、為政者や権力者、金持ちに都合のいい回答の範囲でしか生きていけなくなるだろうな。

こういった社会にいる人間なんてのは、例えば、いけすで養殖される魚みたいな存在で、餌くれるんだから楽でいいって思うヤツばかりだ。

なかには「いや、オレは川や海に出て自由に生きたい」って思うヤツもいるだろうけど、自由に生きたいなんて考えは完全に抹殺されてしまうのが今の社会なんだよ。いけすの中の本人は気づかないんだから幸せなのかもしれないけど、いけすの外からその様子を見たら、実に残酷な人生だなと思うけどね。

「常識を疑う」ことの大切さ

昔は高速道路によくシカだのイノシシだのが出てきて危なかったんだよ。だから、「高速道路っていったって、自動車専用道路じゃないよ、動物なんかも入り込むことがあるんだよ」ってよく言われてた。動物に車がぶつかる事故が多かったんで、高速道路には絶対に動物が入り込まないように、柵が設けられていた。

そうしたら、今度は人間が、逆走する車で高速道路に入り込むようになっちゃった。

あるいは、あおり運転でほかの車が前に割り込んできたりするようになるわけで、やっぱりいくら安全な道路だといっても、それを造った人間がおかしくなっている時代だということだ。

この世の中、安全なものなんか一つもなくて、世界一安全な飛行機だといっても、それを操縦するパイロットにおかしなヤツが出てきたりするわけだ。これは絶対に正しい、なんてことがない時代になっちゃったんだね。

ロシアのウクライナ侵攻を見てもわかるけど、いくらロシアが核は使いませんなんて言ったって、北朝鮮みたいな国もあるし、プーチンだってウクライナが攻めてきて殺されかけたら、どうなるかわからないって思う。核保有国が戦争をしているという、そんなおっかない状態なんだよ。

文化っていうのも、いわゆる常識ってものに左右されがちだ。何か自分は理解できなくて評価が難しい芸術があったときに、その他大勢の大衆のイメージに頼るなんてことがある。

例えば、焼き物なんかでも、有名作家がナントカ窯で焼いたなんて作品より、素人が電気窯で焼いた作品のほうが良かったりすることもある。でも、有名作家の作品だなんて言われると「いやーやっぱり違いますね」なんて言うヤツが多いんだけど、本当にわかってるのかなって思う。偶然、素人が焼いていい焼き物ができることもあるからね。

今やChatGPTが司法試験に合格しちゃうような時代だし、デバイスが進化したらあらゆる知識や情報が、腕時計程度の端末から瞬時に出てくるようになるだろうね。そうなったら、これまでの学歴社会だと暗記が得意だったりするヤツがいい大学に行って評価されてきたわけだけど、こうした技術が発達すると、単に暗記が得意ってことだけでは評価されなくなる。

だけど一つ言えるのは、今のIT技術では新しいものは何も作ってないってことなんだよな。例えばネット検索だって、これまでの百科事典をまとめただけともいえるし、計算だってソロバンの進化形ってだけなんだよね。これまでにない全く新しいものを作り出しているわけじゃない。

じゃ、これからの社会で優秀と評価されるのはどんな人なのかっていうと、技術にしても研究にしてもビジネスにしても、これまでの方向性やベクトルから延長して、将来はどうなるのかを予測できるような人だろうね。これまでの百科事典からネット検索になったんだから次はこうなると考えられる人とか、全く新しい計算の概念の方向性を考えつくような人かもしれない。

あと、これは時代とは関係ないけど、一般的に評価されたり称賛を浴びるような人は、どこか天涯孤独なんだよね。何の利益にもならないようなことを夢中になってずっとし続けることができる人。だからこそ、ひとりぼっちでいて天涯孤独なんだ。

オイラが素晴らしいなって常々思っている南方熊楠って人がいて、明治大正昭和を生きた博物学の巨人なんだけど、本人にしたら単に植物や粘菌の研究なんかが好きだったってだけなんだろうね。社会的な交友関係とか他人との付き合いなんかより、自分の好きなことを一生懸命やり続けたその結果、歴史に残るような人になるんじゃないのかね。

シンギュラリティは起きない

シンギュラリティってのは技術的特異点って意味なんだけど、つまりＡＩがどんどん進化して人間と同等か人間を超える知能を持つようになる転換点のことだ。シンギュラリティになればＡＩが人間の脳と同じ機能を持つようになるなんて言うヤツがいる。だけど、今の技術がいくら発達したって、しょせんは0と1の二進法でしかやってないわけで、量子コンピュータが格段に進歩すればわかんないけど、デジタルじゃＡＩは人間の脳と同じようにはならないだろうね。

人工知能、ＡＩなんていうけど、人間の脳をデジタルで再現するのは今のところかなり難しいね。AIの技術が発達しても感情まで再現できるのか、オイラは限りなく疑問に思うんだ。

もちろん、AIってのは人間の脳の代替じゃないんだけど、チューリングテストなんてのがあるように、AIの当面の目的は、人間が「人とコンピュータの区別」をつけられなくなることだ。そういう意味なら、AIもかなり人間をだませるようになってきてるんだけど、人間の脳を再現するまでにはなってない。人間は自分たちの脳のことなんて、まだほとんどわかってないんだから当たり前だ。

人間は一人ひとり違っていて、個性があったり自我があったりする。その一人ひとりだって、日によって気分が変わるし、感情の変化だってある。それをAIのようなデジタルで判別できるのかってのは大きな問題なんだね。

だからAIにできるのは、計算の速さや正確さ、量だったり、何かを正確に制御して正しい位置に物体を移動させたりすることで、せいぜいそんなものっていえば極端なんだけど、ようするに正確さや計算が苦手な人間の代わりをすることだ。人間の脳とＡＩってのは、構造やシステムが根本的に違うんだね。

人間の感情っていうのは、指先がちょっと痒いだけで気分が変わったりするくらい微妙なもんだ。指先がちょっと何かに触れただけで、パッと新しい考えが頭に浮かんだりするのが人間の脳なんだから、それは人工的にそっくり精緻に再現できるなんてもんじゃない。せいぜい、指先が触れた物質が柔らかいものなのか硬いものなのか、卵かガラスか程度を判断できるだけで、人間の持っている感覚をシミュレーションでなぞらえることは少なくとも今の技術じゃできないんじゃないかって思うね。

それができたときにおそらく神の存在、神ってのがどんなものかがわかるんじゃないか。それくらい、期待されている人工知能の技術ってのはすごいことなんだけど、今のＡＩやＣｈａｔＧＰＴなんかがそのレベルに到達できているわけじゃない。

人間の脳ってのは、宇宙や深海よりもずっとわけのわからない世界だ。自分のことを自分で理解できないってのは一種のパラドックスだと思うけど、喜怒哀楽なんかの原始的な情動反応から始まって、高度な思考の仕組みやヒラメキみたいなシナプスの結びつき、複雑な記憶の回路なんかの脳の機能を人間が理解するのはかなり先、もっと言うと永遠に不可能なんじゃないかってオイラは思ってる。

もし量子コンピュータが実用化されたら

今の0と1のデジタルのコンピュータで作られたAIなんてのは、そんなにたいしたもんじゃない。コンピュータの心臓部であるチップの中で信号をやり取りしてるわけだから、基本的に計算速度は光の速さ以上にはならないし、チップ自体も原子のサイズ以下には集積できないわけだ。

ムーアの法則ってのがあって、これまでコンピュータの性能がどんどん上がってきたんだけど、チップの集積密度を原子のサイズ以下にできないって制限があるから、この法則もいつかは限界を迎えるんだろうね。

ところが、量子コンピュータってのができて、だんだん実用化に近づいている。量子コンピュータを使えば、これまでのシリコンのコンピュータで何年もかかってた計算が数分でできるようになる。巡回セールスマン問題なんていう複雑な計算も量子コンピュータにかかれば簡単にできるようになる。すると、暗号解読なんかも新しい鍵と鍵穴のシステムを発明しないといけなくなる。

それだけ量子コンピュータには可能性があるわけだけど、その計算能力を使えば、ハイゼンベルクの不確定性原理が否定されるかもしれない。どういうことかというと、粒子の位置と運動量は同時に測定できないっていう原理だ。「箱に入ったネコは箱を開けて観察しなきゃわからない」っていうシュレディンガーのネコの話と一緒で、位置を測定しようとすると運動量も変化してしまうから二つを同時に測定できないわけだ。

だけど、量子コンピュータを使えば、ひょっとすると粒子の位置と運動量を同時に測定できるようになるかもしれない。もし、ハイゼンベルクの不確定性原理が否定されるとどうなるか。電気抵抗がゼロになる超伝導の技術や常温核融合、遺伝子治療なんかの開発に影響を及ぼすかもしれないし、ＳＦなんかに出てくるＵＦＯの反重力物質が開発されるかもしれないね。

ただ、量子コンピュータが実用化されたとしても、人間の本性は変わらないんだから大きな変化はないだろう。だって、動物でも植物でもなんでも実際、生命自体を人間が創造したことはまだないんだよね。ＤＮＡについてわかったとしても、人工的な光合成に成功したわけでもないしね。

例えば、我々がいつも食べている米だけど、炭素や水素、窒素なんかの原子や分子の構成はわかったとしても、米を人工的に作り出すことができているわけじゃない。植物は、光合成によって水を分解して酸素を作り出して二酸化炭素をデンプンなんかの有機物にするわけなんだけど、人間は自分でそんなふうに食料を作ったこともないんだよ。

人間はそうした仕組みの分析はできるし、植物を利用して農業をすることはできるんだけど、そうした仕組みを作り出したことはない。石油や天然ガスなんかの化石燃料にしても、それを掘り出してただ単に使っているだけで、自分で化石燃料に匹敵するようなエネルギーを作り出してはいない。何ひとつとして人間は新しいものを作り出しちゃいないんだ。

人間の科学技術は進歩しているように見えるけど、実際には自然が作り出したり何億年もかけてためてきた資源をただ消費しているだけなんだ。その結果、地球のバランスが壊れて、世界中で異常気象が起きている。質量保存の法則ってのがあるから、人間が燃やした化石燃料が地球を温暖化させるってのは当然のことなんだ。

化石燃料だって、このままいけば必ずいつかは枯渇する。そんなことがわかっていながら、金のためにただ資源を食いつぶしているのが人間なんだよな。

金儲けに狂奔する人間

人間ってのは結局、金を儲けたいとか、人より上に立ちたいなんていう自分の欲望に忠実に生きている。社会主義や共産主義が「誰もが平等で幸福に生きられる社会を築こう」なんて唱えてて、確かにそんな社会が実現すればいいとは思うけど、人間はどうしたってそんな理想的な社会では生きられない生き物だ。しょせん、エゴと堕落にまみれた資本主義のもとでしか生きられないんだろうね。

だって、みんなが平等だとおもしろくない連中がたくさんいるし、中には自分だけ得をしようとか仕事をサボるヤツなんかが出てくる。人間ってのは、そういう不完全な生き物なんだから自分の行動すら制御できないわけで、その結果、自分さえよければいい、他人から搾取して自分さえ金儲けができればいいなんていう資本主義のもとで、地球の資源を食いつぶしているんだよ。

こういう人間の本質ってのは、有史以来、何も変わっちゃいない。だから、いくら人工知能が発達してロボット技術が進化したって、そういう科学技術は全て金儲けや地球資源の収奪なんかの方向に向かっていってしまうし、ＩＴやインターネットなんかも同じで、全てが金儲けの道具でしかなくて、人間はしょせん、そういうことしか考えられない生き物なんだよ。

なぜなら、金儲けってのは、ようするに他人よりも消費する、他人よりも余計に食いつぶすってことだからね。だから、もし「夢の技術」とか言われている常温核融合が実用化されたり反重力物質が発見されたりしたとしても、そうした技術や発明、発見の果実はみんなに平等に分け与えられないだろう。結局、ごく一部の人間に独占されて金儲けの道具として使われてしまい、人類全体を幸せにしたりすることもなければユートピアが出現したりすることもないんだよ。

世界には石油がたくさん出てる国があるが、あいつらは自分のことしか考えてないし、金儲けのために産油量をコントロールしてるんだからね。どんなに科学技術が発達したって同じことになるのは目に見えてる。

今の世界は、人類全員でそうした金儲け競争、食いつぶし競争に奔走してる。しょせん人間なんてのはその程度のもんだって思ってるから、金儲けに血道を上げようと地球資源を食いつぶそうと、別にそれを否定はしないんだけど、実に狂ってるんじゃないかとオイラは思うね。

例えば、「神」という存在は、最初は弱者のためにリーダーになろうとしたヤツが作り出したんじゃねえかって思う。そういうヤツが主導して小銭を稼ごうとしたんだろうけど、おそらくそれに目をつけたのが王様だったんだね。

ローマ皇帝だって、最初はキリスト教を禁じていたんだけど、キリスト教徒が多くなってくると自分が改宗し、カトリックの教皇なんかをうまく抱き込んで利用しようとしたわけだ。こんなふうにして利用された神の歴史なんかを見ても、あらゆることが自分だけうまい汁を吸おうとか、人よりも得をしようとか、金儲けをしようとか、そんなことを考えた連中の一つの方法なんだよな。

だから、人間なんてのはいくら偉そうなことを言ったたって、途上国で飢えている人を救うこともできなければ、戦争を止めることもできない。ウクライナの戦争もそうだけど、米国なんかは武器をあれだけ供与していても、途上国にはほとんど何の支援もしないし、援助の手を差し伸べたりしないだろ。

人間ってのは、自分さえよければいいし、他人のことなんかどうだっていいんだよ。それが人間の本質だとオイラは思っているし、現実世界の構図なんだよな。

人間の愚かな勘違い

人間を含めて生き物ってのはしょせん、他の生き物を殺して食わないと生きていけないわけだ。他の生き物を殺して食べないと生きていけないってのは、人間に限らず動物や一部の植物に共通してるんだけど、我々が栄養を摂っている食い物ってのは、基本的に魚介類や家畜、野菜なんかだろう。

必ずほかの生き物を殺さなきゃ生きていけない。それについて、もちろんベジタリアンなんかの考え方もあるんだろうけど、あんまり罪の意識を持ったり違和感を感じたりはしないいんだよな。ほとんど大多数の人間は、そうしたことに対して抵抗感も罪の意識も抱かずに平然として生きている。

ウシやブタ、ニワトリなんか毎日ものすごい数を殺している。もっとうまい肉質を、とかいって改良したりしたあげく殺しているんだけど、でもよくよく考えるとおかしいんじゃないかって思うんだよ。人間が食べるための家畜って存在は、いったい何なんだろうというね。

これは、人間だけが特別な生き物で、ウシやブタなんかは違う生き物という考え方なんだよな。人間だけがうまいといって食って楽しめば、他の生き物はどうでもいいという考え方なんだよ。

もちろん、質量保存の法則ってのがあるから、人間がウシやブタなんかを食ってでもいいって考え方だと、炭素や窒素や水素なんかがなくなるわけじゃない。じゃ、質量が保存されてればそれでいいって考え方だと、人間が人間を食うのもかまわないってことになりかねない。なぜなら、人間が何かを殺して食って、その栄養素を体に取り入れた場合、ウシやブタ、あるいは殺された人間は、食った人間の中で栄養素として生きてるんじゃないかって考え方だってできるからね。

こうした問題を明確に解決することができた思想や宗教はこれまでにない。だから、人間ってのは自分が生きている意味も意義も見いだせないまま、科学技術が進歩して他の生物を超越した存在だと勘違いしているだけなんだよ。

このままだと人間は絶滅するんだろうね

オイラの記憶だと1970年代に入ったころには、異常気象だと騒がれだしていた。世界中の気象が変化したせいで、農作物の生産量が減ったってのがニュースになったりしてた。

あれから半世紀以上がたつのに、人間はほとんど何の対策もしてない。じゃんじゃんエネルギーを消費して、二酸化炭素がどんどん排出され、それにつれて地球の平均気温も上がり、異常気象って言葉を耳にしない日はないような状態になってる。夏になると世界中が猛暑と熱波に襲われ、冬は冬で気温が異常に高くなって季節外れの洪水なんてのが起きたりする。

異常気象が起きてる理由は明らかで、人間があまりにも大量のエネルギーを無駄遣いし、資源にしても森林にしても絞り取れるだけ取って、後は野となれ山となれで知らんぷりしてきたからだ。土地の栄養分だってそうだし、酸素だってそうだ。土地から栄養を取れるだけ取って、二酸化炭素を排出しっ放しにした結果、どんどん土地が枯れ、温暖化が進む。

だけど、こんなに大変だってのに誰も何もしない。一時、東日本大震災後の電力不足のころは、みんなして節電にいそしんでたけど、人間ってのは本当に喉元過ぎれば熱さを忘れる生き物で、すぐに元通りのネオンがピカピカ光る夜が戻ってきた。

人間がこのまま、野放図に地球から資源を奪い続け、マイクロプラスチックで海を汚し、二酸化炭素をばらまき続けたら、地球を維持できないって言われている。これまでの経済システムを変え、生活を変えなきゃ、そのうち人間はこの星に住めなくなる。

省エネやリサイクルなんかが大切なことは、頭では十分わかってるはずなのにできない。どうしてできないのかっていえば、経済のシステムを大量生産大量消費から変えられずに無駄遣いを勧め、環境汚染を垂れ流すほうがコストが安くて利益になるって具合になっているからだ。

じゃんじゃん買い物をし、食い物は残ったら捨て、プラスチックを使い捨てる。こんなふうに地球規模でどんどん消費活動をしてもらわなければ、グローバル企業がもうからないようにできてるんだ。

よくよく考えたら、バブルのころの日本なんて、本当にバカみたいに無駄遣いばかりしてた。あのころに海外で稼いだ金や買い取った不動産や会社がどうなったかっていったら、もう日本人や日本企業のものではない。

バブルは高度成長期の最後に咲いたあだ花だったんだけど、大量生産大量消費、みんなでじゃんじゃん浪費するなんて経済観念はとうの昔に否定されたはずだ。だけど、今の世の中を見てると、景気がよかったあのころをもう一度、なんて考えてる連中がたくさんいるんだ。もういい加減、夢から覚めたらどうかと思うね。

摩訶不思議な日本経済の仕組み

日本経済ってのは本当に不思議で、これだけ国民が苦しんでるのに、株価は高値を維持し、一部企業の業績もいい。ところが、ガソリン税や消費税なんかを見てもわかるけど、日本では重税感が半端ない。

多くの国民の賃金が上がんなくて、雇用も不安定だから将来設計もできない。経済的に不安定で将来が不安だから、結婚はできないし子どももつくれない。そんな社会になってる。

その一方で、大企業の多くは内部留保をためこんでる。それは企業の側も将来が不安だからだろう。本来なら賃金とか設備投資なんかに使われるべき金が、全く世の中に回らない状況が続いている。

つまり、国民も企業も先行き不安でしょうがないってのが、こんなおかしな状況になってる原因なんだ。

バブルからこっち、日本経済は全くいいとこなしだし、経済成長もほとんどしていない。ところが不思議なことに、企業の業績はそんなに悪くない。これはやっぱり大いなる矛盾だね。

内部留保をためこんでるような企業は、それを吐き出してもっと世のため人のために使うべきなんじゃねえのかね。だって、企業が存在できるのは、まず自社の商品を買ってくれる消費者がいるからだし、その中には自社の従業員やその家族、取引先の社員なんかもいるわけだ。

そうした人間がいるから成り立ってるのに、投資家の顔色ばっかりうかがって、研究開発費もろくに出さないようじゃ、企業が世の中に存在する意義なんてないんじゃねえかって思う。

そもそも「物言う株主」って、いったい何だって話だよ。投資家連中が短期的な企業の業績や配当にばかり口を出すなんて慣習が広がったせいで、企業の経営者は長い目で自社の成長を計画できなくなった。

派遣とか非正規労働者なんてのも、そうした経営計画から生まれたんじゃねえのか。日本は簡単に労働者をクビにできないから、あらかじめクビにしやすい契約で雇用する。業績が悪くなったら、真っ先に人件費に手をつけたいからだ。

派遣や非正規労働者じゃ、コツコツ生きていこうという人生設計が成り立たない。銀行から金を借りて車を買ったり家を建てたり結婚して子どもをつくろうなんて思わなくなる。少子化の原因の一つは、こういう労働環境の変化にもあるんだろうね。

あと、よく会社を立て直すなんて触れ込みで外部から経営者を入れることがあるけど、あいつらがやってるのは単に社員のリストラだけで、実績なんてのは何人クビにしたとかだろ。おかしな外国人が経営陣に入り込んだとある企業なんて、工場を閉鎖したり技術開発部門のクビを切って業績を上げ、結局、長い目で見たらその会社の技術力が落ちて企業価値まで失っちまう。

こういうことが日本中の会社で起きていて、日本のモノづくりがどんどん衰退していくわけだ。今や世界のトップ5どころか100社まで数えないと日本企業の名がなかったり、企業の国際競争力が落ちているのも当然だろう。このままだと、内部留保なんてのもそのうちなくなるぞ。

細かく序列を設けていく金持ちのやり方

何度も言うけど、世界は1万人くらいの連中が、その他の数十億人から金をむしり取ってるという社会構造が現実だ。例えば、ファッションブランドで有名な世界的な企業は、今ではファッションはもちろん、意外な業種までも買収して傘下に収めてる。例えばスコッチウイスキーで有名な会社が、いつの間にかその傘下に組み入れられちゃってた、なんてことはたくさんあって、一部の大企業だけがどんどん巨大化していってる。

世界的に経済格差が広がって、オイラ発展途上国の人の知り合いもたくさんいるけれど、そうした国の中にも税金を懐に入れちゃうような連中がいるよね。

そんな世の中で金持ちが考え出したやり方っていうのは、「無限大の思想」なんだよ。どういうことかっていうと、例えば1メートルを半分の50センチ、さらに25センチっていうように、どんどん細分化していけば無限に1メートルを分けられる。

同じように、貧乏な人の中にも細かい格差、序列をどんどん設けていけば、その中で貧乏同士がひがみ合い、やっかみ合い、足の引っ張り合いをするだろうってやり方なんだね。貧乏な人の敵意は、本来なら金持ちの人に向かうべきなんだけど、こうした格差や序列の中で貧乏同士が敵視し合うんだ。

「自分は、下のヤツよりもちょっとだけ上」っていう意識を植えつけることによって、常に自分より下がいる。そうやって線引きをすればいくらでも貧乏な人たちを細分化していけるし、貧乏同士、いがみ合ってくれるというわけだ。

そうやってうまくガス抜きをやっていけば、金持ちに敵意が向かなくなる。こういうのは、大衆をコントロールする一つのやり方なんだな。

この考え方ってのは何も金持ちの保身術だけじゃない。あらゆる世界にある。例えば、1年先まで予約で埋まってるような高級レストランの中にも、コース料金によって細かく区分けができていたりする。その下にはまた別のランクのレストランやなんかがあって、どんどん下のほうへいくと安価な立ち食いそばになるんだけど、立ち食いそばも100円を追加するとコロッケをつけられたりして、細かく差別化されている。

きりがないんだけど、それぞれのランクの消費者にそれぞれの満足を与えるようにできているんだね。ラーメン屋に行っても一緒に行ったヤツのメンマは2本だったけど、オレのは3本だったってそれだけで喜んでるような人間もいるわけだしね。家もそうだし車もそうだし時計もそうだ。それこそ細かく区分けされていて、それぞれの消費者がいて、ちょっとだけ優越感を得られるようにしたり、いつかは上のランクへ、なんて思わせたりしているわけだ。

もしかしたら人間というのは、他人よりも自分のほうが上だという、どこか誇るものがないと生きていけないのかもしれないね。

貧乏な人を絡め取るシステム

昔と今じゃ、貧乏って概念が変わってきてるんだね。太平洋戦争に負けた直後は、ほとんどの日本人が貧乏だった。その後に高度成長期がくると、ほとんどの一般大衆が中間層になった。

一億総中流なんて社会になっても、貧乏な人ってのはたくさんいた。周りを見渡しても同じような貧乏な人がいるから、貧乏同士で自分のことをそんなに貧乏だって気づかなくても済んだんだ。

だけど今じゃ、ごく一部の富裕層とその他大勢の貧乏な人って具合に極端な二極化が進んでいる。これは日本だけじゃなくてアメリカだって中国だってどこもそうなっている。

その他大勢の貧乏な人は、昔は自分が貧乏だって気づかなかったけど、今の貧乏な人は自分たちが貧乏だってことにはっきりと気づいている。貧乏だということに気づきつつ、自分たちが置かれた環境で我慢するヤツがいたり、諦めというか納得ずくというか、なんとか自分をごまかしながら生きてるんだな。

一般大衆が貧乏な人ばかりになったから、貧乏な人を相手にする商売ってのも出てきて、そのシステムはかなり完成しつつある。

例えば、立ち食いそばだけど、一杯500円以下でいろんな天ぷらをトッピングすることができる。天ぷらが揚がるタイミングがSNSや食い物サイトなんかで共有され、「あそこの立ち食いそばは何時にいくと揚げたてを食える」なんていうように、貧乏でも貧乏なりに、立ち食いそばでうまいものを食おうとする。

チェーン展開している立ち食いそばなんかも、大量の貧乏な人たちに合った値段設定で、それなりにうまいものをコストをかけずに提供するシステムを作り上げてるんだね。昔は安かろう悪かろうだったけど、今はコスパのいい食い物屋がたくさんある。貧乏な人は、自分が貧乏だって自覚してるわけだから、こうしたシステムに自ら進んで絡めとられるように行動する。この構造から抜け出すのはなかなか難しいって、オイラ思ってる。だって、貧乏な人は自分が置かれた環境にそれなりに満足できるようになってるし、金がなくてもそこそこ楽しく生きていけるように世の中ができあがっちゃってるんだから。

上品と下品について

オイラが子どものころには分相応って言葉があって、うちは貧乏なんだから高い店で飯を食いたいとか、車を買いたいなんてことを考えるんじゃない、なんて怒られたもんだよ。お前なんかたいしたことないんだから、なんてよく親に言われたしね。

オイラの母ちゃんはよくこう言ってた。

「そんなに高い店で食いたかったら金持ちになればいいじゃないか。でもね、いいかい、金持ちは金持ちになるだけの理由があるんだから、まともなやり方で金持ちになるんならいいけど、汚いことをして金持ちになるヤツもいるんだから気をつけなよ」

なんてね。

いい家に住んで、今じゃ金持ち然としてるヤツでも、人さまを苦しめて金持ちになったのかもしれない。だから貧乏から成り上がって金持ちになりたいって考え方は下品だ、なんて言われたもんだ。もちろん金持ちになることが下品というわけではないんだけど。

じゃ、下品ってなんだ、品ってなんだって考えると、今の時代だとわかんなくなってくるね。よく近所で「あの人は品があるね」なんて言われてた人も、うちの母ちゃんに言わせたら、「あいつの祖先はひでえことして金儲けして、金貸しの利子で食ってるヤツのどこが品がいいんだ」と。「やっぱり江戸時代の庄屋から続く家だから品があるね」なんて言うんだけど、「その庄屋も近所の貧しい農家から土地を奪い取った悪い野郎が祖先じゃねえか」なんてこともある。広げて考えてみれば、歴史そのものが権力者の戦いだし、略奪や殺人の積み重ねだからね。それで権力を確立して貴族みたいになったとしても、そもそもは民衆を苦しめてきたからそうなったわけだ。

おそらく、品があるないってのは、ある種の照れだと思う。金持ちが金を持っていたとしても、照れがあるなら「金なんかない」って言って繕おうとするだろうからね。

そういう金持ちは、裏で隠れて他人に小遣いやってたりしてるわけで、それは一種の作法なんだろうね。作法っていうのは、うっかりすると下品になるところを、品がいいように見せることなんじゃないかな。

変化する「武士は食わねど高楊枝」の意味

いつの時代にも金持ちな人がいれば貧乏な人もいる。金持ちには金持ちの、貧乏には貧乏の暮らしがある。

だけどそんなこととは関係なく、以前の日本には、「金なんかなくたっていい」という豊かな精神性があった。素晴らしい文化や自然があって、それは日本にしかない誇れる精神性をもたらしてくれた。だけど、もう今になってはいかに金になるか、金にするかに一生懸命になってる。

オイラの子どものころは、どんなに貧乏でも我慢して、高価でもなじみの店で買ったりしてた。隣近所の付き合いってのは大事だし、貧乏でも意地があったんだ。昔は、貧乏な人には貧乏な人なりの誇りみたいなもんがあった。もちろん、オイラの母ちゃんだって、本音を言えば安い店で買いたかっただろう。

日本は豊かになったなんていうけど、今じゃ近所のスーパーが夕方になって値引きシールを貼るのを待ち受けている老人がたくさんいる。貧しさや格差に慣れっこになったのか、開き直ってるのか、貧乏人のやせ我慢みたいな気持ちはなくなっちまったね。

そう考えると、今の権力者にとっては、貧乏な人が貧乏だってことを隠さなくなったってのは好都合なのかもしれないね。やせ我慢してプライドを持ってる貧乏な人は、いざとなったら立ち上がって反抗するかもしれない。かつてはプライドを持ってる貧乏な人ってのは、権力者にとっては不気味な存在だった。

だから、目先の小銭にあくせくするような今の貧乏な人なんて、権力者は全く怖くないだろう。

今の日本人は、棲み分けが進んでいる。食事ひとつとっても、回転寿司のどこどこのチェーンがうまいとか、立ち食いそばのどこの店がうまいとか、そんなことに血道を上げている連中がいるかと思えば、とんでもなく高くて予約が半年先まで埋まってるような店があって、そっちでも二極化してるんだよ。そんな棲み分けがもうすでになされてしまってるんだけど、金儲けのうまい連中はそんな中でもグルメチャンピオンとかやって、さらに金を集める仕組みを作り出している。

ところで、「武士は食わねど高楊枝」って言葉がある。あれは、もともとはみんなと同じようなものを買えないヤツがやせ我慢して言ったんだろうけど、今のＳＮＳの時代で置き換えてみると、みんなと同じような行動はしないとか同じような考え方をしたくないってことになるだろうね。そういう意味で、武士は食わねど高楊枝って言うんならいいけど、貧乏な人のひがみのような意味で武士は食わねど高楊枝って言うのは違うんだよね。

うちの母ちゃんがよく言ってたんだけど「お前ね、貧乏だから『武士は食わねど高楊枝』じゃないんだよ」って。つまり「どんなに貧乏になってもプライドやそれまでの考え方を変えず、頭を下げて仕事を欲しがったり食べ物をめぐんでもらおうとしないって心構えのことなんだよ」って言ってたね。

今は経済格差っていうように、経済的な価値観だけがものすごく大きくなって、その考え方があらゆるところにまで入り込んできている。低所得層とか富裕層なんて言葉があるけど、どっちに所属するかでその人間の尊厳とか格付けが決まっているかのような時代になってる。

そんな時代に「武士は食わねど高楊枝」なんて言っても、貧乏な人のひがみ根性や屁理屈みたいにとらえられちゃうんだよ。でも一番の問題は、単に貧乏なだけでプライドのないヤツが言っても説得力がないってことなんだよ。

第二章

人生をどう生きるか

ほとんどの人間は凡人として生まれ、凡人として死んでいく

よく、夢をかなえろとか、やりたいことを見つけろとか言うけど、あれって今の若い人にとっては強制されてるようなもんなんじゃねえかって思うんだよね。若い人には、それが強迫観念になっている。

例えば、今の若い人の間ではやってる歌を聴いてみても、自分にしかできないことがあるとか、人にできないことを探せとか、そんな歌詞が多い。学校なんかでも「夢を持て」とか、「自分だけの特技を伸ばせ」なんてことを教師が子どもに言っている。

あれは、オイラから言わせれば、社会から強制されてるようなもんだ。当の本人たちからしてみれば、いい迷惑なんじゃないかね。

もちろん、そういう励まし方もあるとは思うんだけど、本当のことを言ってしまえば、人より優れたものを持ってるヤツなんて、めったにいるもんじゃねえんだよ。

普通の人は普通に生きて、普通に働いて、普通の幸せをつかんで死んでいくのが当たり前なんだ。そうした普通の人たちが基盤になって社会が動いているんだから。

オイラが子どものころは、自分の子どもが芸人になりたいなんて言ったら、親は有無を言わせず引っぱたいたもんだ。オイラの母ちゃんは、オイラが浅草で舞台に立ち始めたころ、「うちの息子は留学してます」なんて近所に言ってたくらいで、芸人になるなんて隣近所に言えないような恥ずかしいことだった。

ところが、芸人がもうかる商売だってことになったのか、今じゃそんな親はいない。もうかってるヤツなんて、ほんの一握りなのに、お笑い芸人になって、テレビに出て笑われることがどうやら自慢できる仕事になったようだ。

スポーツでも芸事でもビジネスでも、成功するなんて宝くじに当たるようなもんで確率的にはかなり低い。だけど、夢をかなえて成功した人間にだけスポットライトを当てて、あんなふうになれ、なんて尻を叩く。だけど、そんなごく一握りの人間の後ろっかわには、その何千倍、何万倍の売れない芸人がいるんだ。

今じゃ、お笑いの世界にも何を勘違いしたのか、夢をかなえたい、成功したいなんて言って飛び込んでくるヤツらがたくさんいる。だけど、夢を抱いてそれに向かって一生懸命やってたら、誰もがスポーツや芸事で成功を収めたり、大金持ちになれるわけじゃない。

大人が子どもに夢を抱けなんていう場合、それはとにかく成功して金持ちになれっていうようなことでしかない。身も蓋もない話で、いい家に住んでいい車を買ったり、クルーザーや自家用ジェットに乗ったり、高い食事をしたり、ブランド品を買ったり、せいぜいそんなことが大人の考える平均的な夢や成功なんだろうね。

ところが、戦後の日本の教育では、なんでもいいからクラスで一番になれ、何でもいいから誇りになるものを持て、なんてよく言うわけだよ。俺の大学の後輩でラグビーの松尾雄治なんかも、オヤジからなんでもいいから一番になれって言われてたんで「オレ、クラスで一番だった」って答えたら、何がって聞かれて「座高の高さ」って答えたら思いっきり殴られた、なんていう間抜けなことになってしまうんだよ。

昔は、何も誇るものなんてなくていいって言われたもんだ。人さまに迷惑をかけず、ただそのまま生きていけばいいなんてことが世の中のルールだったのに、他人と差別化して何かで一番になりなさい、なんて嫌な競争社会になっちゃった。

しっかり足元を見ろ

もちろん、本物っていうのはどんな世界にもある。芸能人のことをスターって言うけど、なんでスターって言うのかっていえばめったにいないからなんだよね。誰もがなれるわけじゃないからスターなんだ。

例えば、エンターテインメントの世界のことを考えると、グラミー賞やアカデミー賞なんかの世界から見れば、日本の芸能界や映画界なんかちっぽけなもんなんだ。とはいえ、アカデミー賞だって、しょせんハリウッドなんていう狭い世界だけのもんだし、ちゃんと審査されて選ばれたのかって疑問に思う作品も多い。でも、その中にも本物のスターや傑作映画ってのは確かにある。

野球の世界でも同じなんだよ。大谷翔平なんていうアメリカのメジャーリーグで活躍するような本物を見てしまったら、日本国内のプロ野球なんて話にならないレベルだよね。

ボクシングなら井上尚弥は間違いなく本物だけど、そういった本物ってのは、ごくごく一部の人間でしかない。それ以外のその他大勢をどうにか食わせていくためには、夢を見させてだますしかないんだよ。

昔は貧しかったし、ちゃんとした仕事に就けなかったら路頭に迷って死んじまう、なんてことが普通にあった。そんな時代には、夢を持って生きていこうなんて考える人間は少なかった。オイラの子どものころは、医者になりたい、絵描きになりたいなんて言おうもんなら親からこっぴどく叱られたもんだ。

夢を追いかけず、しっかり足元を見ろってことなんだろうね。ただ、その子が本当に医者や絵描きになりたかったら、親に頭を叩かれても医者や絵描きになるはずだ。そういう子どもは、親から何を言われようとなりたいものになろうとするし、実際なりたいものになれたりするもんなんだよ。

今じゃ、子どもが医者になりたい、絵描きになりたいって言えば、親が全力で応援したりする。その結果、夢を実現できずに挫折しても、フリーターでもなんでもやって、とりあえず生きていくことはできる時代だ。だから、そんな無責任なことを言えるんだよ。

そもそも努力すればなんとかなるって、そんなわけでもないだろう。一生懸命やればなんとかなるほど世の中は甘くない。

そういうことは、親とか周囲の大人が一番知ってんじゃねえか。必死にやってもうまくいくとは限らなくて、どうにもならないこともある。それが普通で当たり前だってことを教えるのが教育だろ。

オイラ、芸人から始まって、映画監督をして絵を描いたり小説を書いたりしてきた。いろんなことをやってきたわけだけど、今から考えれば何もこんな苦労をしなくたってよかったんじゃないかって思うときもある。

コツコツ真面目に働いて家族を守り、子どもを育てる。ただそれだけであっても、自分の人生を生きたって満足感は得られるんだよ。

有名になろうが、いい映画を撮ろうが、コツコツ生きる人生と比べて、その満足感に大きな違いはないだろう。ただ、オイラはもう一度人生をやり直せるとしても、同じように苦しい人生を選ぶと思うけどね。

好きなことが仕事になっただけ

みんな、働くことをすごく大切に考えてるよね。働き方改革とか、働く人のためのナントカとか、働きがいのある仕事とか、よく言うじゃん。オイラ、どうも働くってのがどんなことかよくわからないところがある。働くってのは、どこか「労働」って言葉につながるからかもしれないね。

泳いでる魚に「お前、偉いな」って褒めるヤツはいないってことでいえば、働くってことに関してもオイラの場合は、魚が泳いでるように何かを作ったりするのであって、別に働いてるわけじゃない。映画を撮ることにしても小説を書くことにしても絵を描くことにしても、単にそれをやってるだけで、それを働くこと、労働としてとらえたことはないんだよね。

お笑いにしても、オイラはみんなでわいわいバカなことをやったり笑い合ったりするのが好きなだけで、お笑いを労働として考えたことはあまりない。好きでやってたものが、たまたま仕事になっちゃったわけで、わざわざそれを自分の仕事でござい、なんて改まって考える必要はないんだね。

メジャーリーグの大谷翔平なんかも、小さいころから野球が好きで好きでたまんなくて、それも投げるのも打つのもどっちも大好きで、ずっと野球をやり続けていたら、いつの間にか日本のプロ野球で二刀流でデビューし、もちろん二刀流を続けるってモチベーションを保つのもすごいし、野球の才能が超人的だったというのもあるんだろうけど、好きでやってたらそのままメジャーリーグに行って好きな野球を続けてるって感じなんだろうね。だから、大谷翔平にとって野球は、単に大好きなものであって、仕事や労働としてとらえてはいないんじゃないかと思う。

好きなことだったら、時間がたつのも忘れて知らないうちに徹夜しちゃったなんてことはよくある。そうしたことがたまたま仕事になっただけで、好きなことを仕事にしようと思ってやってるわけじゃねえもんな。

オイラも深夜のラジオ番組で、バカ話をして騒いで好きなことを言いまくって、終わったら明け方で、帰りのタクシーの中で、今日も楽しかったな、そういやあれで金をもらえるんだから不思議なもんだなってよく思ったりしたよ。

努力して悦に入ってるようじゃまだまだだ

もちろん、オイラが「分相応に生きろ」とか、「平凡な人生にも意味がある」って言ってるのは、夢をあきらめろとか夢をつぶしたくて言ってるわけじゃない。だって、どんな夢を持とうが、何を目指そうが、それはそいつの自由だ。

オイラも浅草で芸人やってたころは、このまま浅草のイチ芸人で野垂れ死んでもいいなんて思っていたけど、それは別にやさぐれてたわけじゃなくて、人気が出ようが出まいが、客が一人だけだって客前で漫才ができればそれでいいって本気で思ってた。自分の芸にだけ自信があって、自分の芸に惚れ込んでて、なんとか食えていれば、それでいいんだよ。

そうした精神性があってなんとか食えてれば、何を目指そうと、何を夢見ようとその人の自由なんだから、どんどん目指せばいいし夢を見ればいいと思う。自分の芸で食えていることが重要なんであって、そのうえで売れるのは宝くじに当たるようなもんなんだから期待したらダメなんだよ。そんな感じでやってたら、オイラ、間違えて当たっちゃったんだ。

さっきも述べたけど、泳いでいる魚に「お前、偉いね」なんて褒めるヤツはいない。魚が泳ぐのは当たり前で、無理して泳いでるわけでも努力して泳いでるわけでもない。サメみたいに泳ぐのをやめたら死んでしまう、なんてのもいる。徹夜するくらい麻雀が好きなヤツは、徹夜で麻雀やれるような仕事を見つければいいんだよ。

だから、努力しているって自分で悦に入ってるうちはダメだろうね。オイラだって、自分では努力しているなんて全く思ってない。

もちろん、若いころから漫才のノートをいつも持ち歩いて何かネタになりそうなものがあるとすぐに書き込んでいたし、他人がそれを見りゃ努力に見えるかもしれない。でも、オイラにしてみたら、飯を食ったり水を飲むのと同じような、ごく普通のことで、それでギャグを考えていただけだ。

それを努力というのはおかしな話でね。それは努力じゃなくて、当たり前のことをやっていただけなんだよね。

没頭できるものがあればいい

ただ、いかにそれに没頭できるかってのも大事だね。絵を描いてるとすぐに気がつくもん、自分の実力がどの程度のものかって。自分がうまくないこともわかってるし、これ以上うまくなりようがないこともわかってるんだけど、そう考えながら絵を描くのは自分に対して失礼だと思う。

だったら、上手か下手かは自分が評価するんじゃなく、ただただ絵を描くことに集中して子どものように没頭することが自分にとっていいことなんだよ。絵を完成させるとかは関係なく、ただ絵の具を塗っている作業が好きなだけ、作業することが好きなだけで、別に完成形を求めてはいない。

結果的にいい絵になったってのはあるかもしれないけど、いい絵を描こうなんてのは目的じゃない。だから、夢中になって没入して絵を描いてるときは、自分に対する不安を忘れてしまってるんだよ。

オイラ、絵を描くことに没頭してるときは、頭の中では何も考えてない。漫才をしてたときも、のってくると何をしゃべったか覚えてなかった。集中してたんだろうけど、じゃあ、どういうときに集中するかっていうとよくわからないんだよね。ああいうのは、自分でコントロールできるものじゃないいんだろうけど、集中しているときは脳みそを全部使っている感じがする。

ただ、人間の脳ってのはけっこう怠けぐせがつきやすくて、あれは一種の節電モードなんだろうけど、環境にちょっとでも慣れてくるとすぐに楽をしようとするもんだ。例えば、イヌの絵を描いてるとして、最初のうちは初めてだから時間もかかるしあんまりうまく描けないんだけど、味わいのある絵になったりする。

けっこういいんじゃねえか、なんて思いながらどんどんイヌの絵を描いていくと、脳が操作するんだろうけどだんだん手が慣れていくというか、早くうまく描けるようになっていく。

だけど、そうやって描いた絵はどうもつまらない。やっぱり、最初の描きにくさを脳が処理して、効率的に処理してるんだろうね。でも、そうやって処理されてできたものに感動はない。

将棋より麻雀のほうがおもしろい理由

オイラが絵を描く理由の一つは、夢中になって客観的な自分をなくすためってところがある。絵の具を塗っていて、自分の絵を眺めて、いいねえ、なんて夢中になっている瞬間がたまらないんだよな。

ただ、描いている最中は喜んで描いてるんだけど、描き終わってから客観的な自分が出てきてガックリすることもよくあるんだけどね。あと、そういう夢中になれる自分ってのを、自在にコントロールできてるわけじゃなくて、自分の意識に関係なく妙にしらけちゃったり。なんでオイラ、こんなに一生懸命描いてるんだろうって思っちゃったり。そうなるとあんまり楽しくないわけだ。

ゴルフにしても、思った通りに全然うまくできないわけだよ。いろんな理屈でこうやればいいんだろうなとか考えるけど、いくらやっても自分の思い通りにできない。でも、それがいいんだよな。

オイラ、あんまり将棋は好きじゃないんだけど、それは手をよく読めるヤツが勝つに決まってるからだ。

将棋の対局ってのは、あらかじめ自陣と相手陣の配置が同じように決められているし、駒にも決まった役割が振ってある。将棋盤の範囲も有限だから、おのずと指し手の組み合わせには限界がある。

だから、その組み合わせや相手が指した手への対応の仕方をよりよく知ってるヤツのほうが勝つ。それがおもしろいとはあんまり思えないんだ。

そういう点でいえば、麻雀のほうがおもしろいんじゃないかね。最初はどんな配牌がくるかわからない。これは4人が平等だし、配牌という偶然で決まる要素が強くて、どんな素人だっていきなり配牌で上がることがある。だからオイラ、麻雀のほうがおもしろいんじゃねえかって思う。

配牌でどうしようもない手がくることもあれば、役満クラスの手がくることだってある。

だけど、そうした手がきたときにどう振る舞うかが重要なんだ。喜んで調子にのってると、ひどい目に遭ったりする。思った通りにいかないほうがおもしろいし、思った通りにできるんだったら、オイラはハナからやらないね。

全部わかっているようなものには何の魅力も感じない。パーフェクトってのはあるんだろうけど、それを実感するのは本当に嫌なんだよ。

全てうまくいったら何もおもしろくない。ゴルフをやっても失敗するのが楽しいんで、全ホールをパーで回っても何もおもしろくない。食事も全てを満たすパーフェクトなものでないから、次にもっとうまいもんを、というように考える。もっとうまいもんがあるんじゃないかって考えるんだよ。

不完全だから楽しいしおもしろい。完璧なものを手にするのは、死ぬ直前でいいんだ。生きてるうちに上がりってのは嫌なんだな。

今までいろんなことをやってきたけど、全部どこかしらやり残してるって思いがある。あそこはもうちょっとこうしたほうがよかったなとか、考え続けて生きている。

もちろん、実際やろうと思っても難しいってこともある。今は映画をやっているけど、実は他のものもやりたい。だけど、現実に用意できるものがオイラが求めているものよりも足りないんだ。

求めているものに足りないっていうのもあるけど、一方で社会が違う方向へ向かっているというのもあるね。今の世の中、オイラにとってつまんない方向へ行きすぎてるから、そんな環境で無理にやるのは嫌だなという気持ちもある。

相手の話をちゃんと聞く

法律が変わって選挙権が18歳からになったけど、年齢でなんでも決めていいのかってことがある。70歳過ぎても選挙権がないヤツがいてもいいだろう。30歳を超えても子どもみたいなヤツはたくさんいるし、13歳の中学生でもしっかりしたヤツはいる。バカはやっぱりバカだもの。30歳を超えてもバカなヤツより、15歳で働いて家に仕送りしてるような少年少女に選挙権を持たせるほうがよっぽどいいね。

年齢が違いすぎるから話が合わないなんてよく言うけど、それも話が合わないいんじゃなくて、話を引き出せない自分を恥ずかしく思うべきだ。年寄りとお茶を飲んでいて「おばあちゃん、このお茶はなんて名前?」って聞けば何かしら教えてくれる。

同じように、会話をしようとか、相手に対する好奇心があれば、すごくためになる話を聞けることだってある。聞かれた相手は気持ちいいし、こっちはそれまで知らなかったことを知ることができる。これは相手が小学生だって同じだ。

料理人に会ったら料理のこと、運転手に会ったら車のこと、坊さんに会ったらあの世のこと、何でも知ったかぶりせずに、素直な気持ちで聞いてみるといいね。そうすれば自分の世界が広がるし、その場も楽しくなる。たとえ知っていたとしても、ちゃんと聞くって態度が大切なんだよ。

相手の話をちゃんと聞くっていうのは、他人への気遣いで最も大切なことだと思う。だけど、人間ってのは、年を取ると相手の話をちゃんと聞くことが苦手になる。逆に、自分の自慢話ばかりしたがるようになるんだけど、自慢話は一文の得にもならないし、その場の雰囲気を悪くする。それよりも、相手の話を聞くほうがずっといい。

若いってことにあまり価値はない

よく昔から、年寄りが「今の若いもんはしょうがない」なんて言うんだけど、そんなことを言う年寄りってのは天に唾するようなもんだ。だって、若いもんが礼儀がなくて作法を学ばないのは、手本になる大人がいないからだもん。

少なくとも作法っていうのは、「あの人はかっこいいな」っていう大人への憧れだったり、「あのときのあの人はかっこよかったな」なんていう記憶によって作られる。

身近にそんなかっこいい大人がいたら、強制なんかされなくたって自然に真似したくなるもんだ。鮨の食い方にしても酒の飲み方にしても、そうやってかっこいい大人の真似をして礼儀作法を覚えたもんだ。だから、年寄りが「今の若いもんは……」ってグチるのは、あんまりみっともいいもんじゃないね。

あと、よく「若い人はいいな」なんていって、若いこと、若さがあたかも重要なことのように言うけど、若い人ってのは果たして偉いのかといつも思う。単に年を取ってないだけじゃないか。

ひところ、「女子大生」がブランド化して、なんでもかんでも女子大生に受ければいいっていう風潮があったんだよ。だから漫才師のプロダクションが女子大生を集めてキャーキャー言わせて人気があるように見せかけたりして。オイラそれ見てもうイヤんなっちゃって。いかに女子大生に嫌われるかってなもんで、散々悪口を言ってたんだよ。そのころ、女子大生に人気があるとかいって浮かれてた芸人はみんないなくなったんで、ざまあみろって思ってる。

ただ、年を取るってのは嫌なもんだけど仕方ない。誰だって1年にひとつ年を取るし、誰だっていつかは必ず死ぬ。ただ、年を取ると若いころよりも反応が鈍くなるし、漫才でいえばアドリブが効かなくなる。

昔は舞台に立っていてもテレビに出ていても、このネタには今のタイミングではこれってピンとくるものがあった。反応の素早さ、間、タイミング、ぴったりの言葉、こういうのがどんどん出てきた。頭で考える前に口が自然にしゃべってるんだよね。それを年のせいにするわけじゃないけど、できなくなってるんだからしょうがない。じゃどうするかっていうと、誰に評価されるわけでもないことを毎日少しずつコツコツと積み重ねるって方向に向かうわけだ。アドリブの瞬発力より、コツコツとした持久力みたいなもんで、最近じゃ、ピアノを弾いたり、絵を描いたり、小説を書いたりってことが楽しくなってきた。

これは他人からの評価を期待しないってところが大事で、自分がこれをやろうって決めたことに向かってコツコツ少しずつやっていく。これは今の生きにくい時代を生き抜いていくための一つの方法かもしれないね。

芸術の突然変異と大衆の芸術への要求

生物には進化ってもんがあって、それは突然変異で生まれるわけだ。芸術やエンターテインメントにも突然変異めいたもんがあって、例えばピカソやゴッホなんかの絵、あれは突然変異の賜物だよな。

芸術やエンターテインメントも、前の段階を踏襲して少しずつ変化する要素があるけど、あるとき突然、おかしなヤツが出現して、全く新しい段階にジャンプすることがあるわけだ。ピカソやゴッホは、それまでの絵画の常識を打ち破って現れた突然変異なわけで、水の中の魚が突然、陸に上がったように新しい絵のスタイルに進化させた。

特に、ゴッホの描いた絵ってのはすごくて、色使いやタッチはもちろん、その視点のおかしさが見るものを幻惑する。一種、病的な精神世界に連れてかれるような気になってくるんだけど、それが純粋な感動につながるのが驚きだ。

ところが、芸術がどんどん進化していくと、ある対象をどんなふうにとらえるか、聴く側、観る側に委ねきってるような作品が出てくる。音楽でいえばジョン・ケージだったり、ダダイズムでいえばマルセル・デュシャンであったり、抽象絵画でいえばジャクソン・ポロックだったり。そんな連中の作品は、聴く側、観る側がどんな解釈をしてもいいわけだ。

「受け手がどんなふうにとらえるかは自由」ってのは、考えてみれば当たり前のことなんだけど、20世紀に入るとあえて作家のほうがそういう作品を突きつけてくるようになる。それは芸術の大衆化ってのも影響してるんだろうけど、人間が一人ひとり自立した存在として自分の頭で考えることが強いられるようになったってことだ。

そうは言ったって、ほとんどの人間は与えられた環境下で生きていくのに精一杯だから、自由に自分の頭で考えるなんてのはなかなか難しい。芸術のほうがいくらそれを求めたって、理解できないもんはやっぱり理解できないんだから、逆にどんどん自分を見失っていくようになっちゃうのかもしれないね。

エッセンシャルワーカーのほうがよっぽど偉い

ただ、その一方で、オイラみたいに好きなことを仕事にできたような人間が少ないってこともわかる。ほとんどの人間は、普通に勉強して、勉強が嫌いなら学校を出たら働けばいいし、毎日コツコツ仕事をして金を稼ぎ、たまにうまいもんを食って排泄し、結婚してセックスして子どもができて、そして死んでいく。

オイラはそういう人生をたいしたもんだと思うし、そういう人生を送ってるヤツが、何もオイラみたいなお笑い芸人をうらやましがる理由はないって思う。食うために働いてる人間のほうが、映画を撮ったり小説を書いたり絵を描いたり芸人やったりしてる連中より、よっぽど偉い。

新型コロナの影響で、エッセンシャルワーカーなんて言葉が使われるようになってきてるけど、この世の中を支えてるのは、電車を動かしたり、火事や災害時に出動したり、電力を送ったり、食い物を運んだり食事を作ったり、ゴミを収集したり、病院や施設で病人や老人のお世話をしたり、学校で子どもに教えたりするような人なんだよ。そうした人たちがいるおかげで、オイラみたいなのが生きていられる。

ここまでやってきた資本主義がどんどん歪になっちゃって、おかしな考えが横行するようになってきている。エッセンシャルワーカーより芸術家のほうが偉いとか社会的に認められるなんてことがあったらそれは、本当はかなり間違ってんだよ。

ワガママ放題で非人情な人間にチャンスがあるのかもしれない

どうして大学をリタイアして不安定な芸人の世界に入ろうと思ったのかって、オイラ、よく聞かれる。

どんな世界にもみんなから高く評価されて成功する人がいるし、一方には平凡な一生だけど家族に囲まれながら堅実に生きてる人がいる。もちろん、成功する人はごく少数で、ほとんどの人は平凡な人生を送っているわけだ。

じゃ、成功する人とその他大勢と、いったいどこが違うのかといえば、やっぱり好き嫌いの問題じゃないかと思うんだよね。

オイラは大学を途中でやめちゃったわけだけど、浅草でフランス座の舞台に立ち始めたころ、同級生の連中はみんな、サラリーマンとしてメーカーの研究職なんかになってた。

そんなころ、同級生のひとりが訪ねてきたことがあって、「何やってるんだ、お前、こんなことやっていったいいくらもらってるの」なんて聞かれた。そいつは数十万円も給料をもらってて、近いうちに結婚して家庭を持つなんて言ったのに、オイラは数万円くらいしかもらってなかったし、明日生活していけるかもわからないなんてレベルの違いだった。

だけど、しばらくしてオイラが売れてから、そいつの会社のイベントか何かに呼ばれて会ったときには、前とは立場が逆転してたなんてこともあったよね。別に自慢してるわけじゃないけど、オイラは浅草で芸人になって舞台に立って客を笑わせるのが好きだったし、サラリーマンになるのは嫌だった。ただ単にそれだけのことだ。オイラを訪ねてきた同級生は浅草で芸人になるより、サラリーマンとして毎月決まった給料をもらいながら自分の仕事をするのが好きだったんだろう。

これはどっちが偉いとかじゃなくて、好きなことが違うだけで、その結果が違うのはそんなに重要なことじゃない。

あと言えるのは、非人情なヤツがオイラみたいな生き方を選ぶんだろうね。非人情なヤツってのは、人情がないようなヤツって意味だけど、ワガママ放題で他人に迷惑をかけてもあんまり意に介さないようなヤツのことだ。

ゴッホなんて、自分の耳を切っちゃったり、一緒に住んでたゴーギャンを殺そうとしたり、画商をやってたテオって弟に金をねだったりしてたからね。ゴッホの絵はたいしたもんだけど、その生き方はかなりワガママだし、非人情だ。ゴッホは個人的にはあんまり友だちになりたくないタイプの男だけど、そういうヤツじゃないと成功できないのかもしれないね。まぁ、ゴッホは生きてる間じゃなくて、死んでから評価されたわけだけど。

向かってるベクトルが合ってればいつ死んでもいいんだよ

そういうことを考えてると、人間、生まれ落ちた環境で一日一日、生きていければそれだけでいいんじゃないかと思う。

もちろん、物心つくころ、子どもじゃ自分の死を考えたりはしないんだろうけど、ある程度、大きくなったら自分の夢ができたり、やりたいことができたりする。だけど、結局はその日を生きていくことが大事なんだよね。その一日のためにまぁいいかなと思えたらそれでいいんじゃないかな。

未来というのは、結局この一瞬一瞬の積み重ねだ。今の延長に未来がある。遠い未来も、この瞬間の積み重ねなんだよ。

当たり前だけど、人間が生きているのは今でしかない。過去のことはどうしようもないし、未来のことを考えたって確実に自分の希望通りになるなんて誰にも言えない。今のこの瞬間をわかりもしない未来の夢に使ったってどうしようもない。

遊びたい盛りの子どもを無理に塾なんかへ通わせ、受験勉強ばかりさせるから、大学に合格したとたん目標がなくなって、何をすればいいのかわからなくなる。夢なんてかなえられなくても、この世に生まれ、生きて死んでいくだけ。それだけでたいしたもんで、人生は大成功なんだよ。

そもそも夢を抱けとか成功しろとか金持ちになれなんて尻を叩く連中が、なんでそんなことを言うのかと考えてみれば、夢を抱いたり金持ちになろうとあがいたりするような人間がたくさんいないと経済が回らないからなんじゃないだろうか。そんな連中のために、大事な今の時間を使うなんてのはバカなことだと思う。

だって、どんなに金持ちになって高いワインを飲んだとしても、喉が渇いたときに飲む一杯の冷たい水のほうがうまい。どんな高級レストランの料理でも、母ちゃんが握ってくれたにぎり飯に勝るものはない。

贅沢すれば幸せになれるわけじゃない。いくら貧乏でも心構えひとつで人生の大切な喜びは全て味わえるもんだ。

オイラ、演芸場で漫才をやり始めたころ、一日、終わっても金になんねえし、これから売れるかどうかもわからなかったんだけど、とりあえず一生懸命、舞台に立って客にも受けたからいいかって思ってた。そのころ、オイラの周囲の芸人には、売れるまで死んでたまるか、売れて金を稼がないで死ねるか、みたいな考え方のヤツがたくさんいた。

人間、いつ死ぬかもわからないんだけど、生きてる間にまぁまぁ納得できるようになればいい。それも50％くらいでいいと思う。もちろん、売れたいってのが全くなかったわけじゃないけど、そこへ向かってるベクトルは正しいし、いつも新しいネタを考えてたからいいかって思ってたね。

だから、自分が向かってるベクトルの方向へ走る電車は、成功への線路を走ってるって自覚さえあればいいんだし、その電車に乗ってるんなら、途中で事故に遭ったってしょうがねえじゃねえかって思ってた。

人間はいつか必ず死ぬんだから、向かってる方向が正しい、間違った方向じゃないって思えたら、それでいつ死んでもいいんだよ。

そのままうまくいけば将来は成功する線路だからって思えないとダメだね。もっとも、その線路は長いし、成功にいつたどり着くかわからない。だから、ずっと乗り続けて80歳になっちゃうヤツもいっぱいいるわけだよ。それはそれでしょうがないよね。

自分の向かっている方向も大切だし、どんな生き方をしてるのかっていうのも大切なんだけど、どんな生き方をしてもそれはそれでいい。毎日、酒を飲んでグダグダして肝臓を壊して野垂れ死んじゃう芸人もいるわけだよ。

浅草のオヤジのほうが幸せか

そういうことでいえば、世の中、よくできてるなって思う。オイラ、ちょっと売れ始めて金に不自由なく暮らしていけるようになっても、浅草へ行って安居酒屋なんかで酒を飲むことがよくあった。

ある日、なじみの居酒屋に行って飲んでたら、隅っこの席に汚れた作業着を着たオヤジが座ってて、うまそうに安焼酎を飲んでる。

現場帰りなんだろう。土で汚れた地下足袋、腹巻きをしてステテコみたいなシャツを着ていた。で、隣にはこれまた典型的な水商売風のオンナ、それも安キャバレーのホステスだろう、派手な化粧をしているものの、年はけっこういってそうな風情だった。

オヤジが焼酎をあおってるのを、そのオンナが惚れ惚れしたように眺め、オヤジはときどき何か冗談めいたことを言ってはオンナを笑わせてた。妬いたわけじゃないけど、その様子がどうも微笑ましいというかうらやましいくらい幸せそうなんだよ。

売れ始めたオイラは、たまにいい酒を飲んだり、いいオンナとセックスしたりすることもあったけど、そのオヤジが飲んでた安焼酎ほどうまいのか、そのふたりのセックスほど気持ちいいのかって聞かれたら首をかしげちまう。

よく平等不平等なんていうけど、実際にはうまい具合に帳尻が合っていて、いくら金を持ってたって不幸せな人間は山ほどいるし、貧乏な人だってそのときの居酒屋のオヤジとオンナみたいに実に幸せそうに生きていたりする。そうでなきゃ、本当に救われないもんな。

何かに疑問を抱くことで自分のできることが見つかるかもしれない

平凡でもいいから生きていくために堅実な仕事をし続けるヤツ、マンガ家を目指し続けて人生を棒に振るようなヤツ。いろいろいるんだけど、どうあきらめるのか。死んだ後に評価されたり成功したりする人も確かにいるんだけど、実際には死んだ後には忘れられてしまうような人がほとんどなんだよ。

戦争で重要なのは、最前線で戦う一兵卒だよな。将官とか将校がいくらたくさんいたって戦争には勝てない。

普通は、自分が一兵卒であることに不満を持つことはない。ときどきおかしなヤツが出てきて、一兵卒なのに大将になりたいなんて言い始めたりするけど、そんなのは実にダメなヤツだと思ったほうがいい。

世の中も軍隊と同じで、そういう一兵卒、企業でいえばヒラ社員が最も重要なんだよ。ほとんどの人間は一兵卒だし、ヒラ社員かせいぜい課長くらいでサラリーマン人生を終えるわけだ。

だから、そうした生活の中で楽しみを見つけたほうがおもしろいんだよ。会社内で出世しても、派閥の争いに巻き込まれ、ストレスを抱え、すり減ったりすることもある。企業社会の中で病んでいく、歪んでいくという考え方もあるんだから、生まれてきて生きていることを楽しんで、その中で幸せを感じることができる人生を見つけたほうがいいんだろうね。

じゃ、私はいったい何を目標に生きていけばいいんでしょうか、なんてことを聞いてくるヤツがいる。だったら大事なのは、疑問を持つことなのかもしれないね。

あんまり現状に満足せずにやっていると、そのうちすっと自分が手を出せるかな、というものが出てくるんじゃないかな。自分が手を出せるようなものが出てくるかどうかは運かもしれない。運だとしても宝くじは買わないと当たらないんだよ。

この宝くじを買うって意味は、現状に対し、おもしろくないな、という考え、常に疑問を持っていればいいっていうことだ。そういう考えを持っていれば、誰もやったことのない何かを見つけられるかもしれないね。

産卵で遡上するサケのすごさ

こないだ、ある大工の棟梁と話した。その人、けっこうウデがよくて有名であちこちから引っ張りだこなんだけど、棟梁曰く、「別に有名になりたかったわけじゃない。やってみたら自分に合っていた」ということだった。

もちろん、やってみてどうしようもなかったこともあった。でも、それもまた、やってみないとわからないんだよな。

何かに手を出せば、おもしろいことが必ずあって、その仕事が脚光を浴びるのが自分の生きている間か死んだ後かということもあるんだろうね。

仕事で成功するかしないかというのが、世間からの評価や人気度で決まってしまうとすれば、死んだ後に評価されたゴッホはどうなのか。彼が幸せだったのか不幸せだったのかは、誰にもわからない。

ああいう芸術家の人たちっていうのは、幸せ不幸せではない。何か、物に憑かれたような人生なんだろうね。

例えて言えば、サケが産卵のために何かに憑かれたように河口から急流をさかのぼっていくようなもので、放精するときの雄のサケの顔を見ると、こいつはこの瞬間のために長い旅をしてきたんだなと思う。

命をつなぐ瞬間と自分が死んでいく瞬間が同時に起きるんだからね。子孫のために死んでいくというすごさはわかる。自分も仕事をしていて、たまにそんなことを感じられるというか、人から見たら売れようが売れまいが幸せなんだろうねって思われているんじゃないかっていう瞬間はある。

ただ、人間、30代、40代になると、そいつの人生がどんなものかが何となくわかってくるようになる。自分の人生の先行きみたいなもんも、なんとなく見えてくる時期なんだろう。

オイラが、そうした世代の人間へ何かメッセージを送るとしたら、あらゆる責任は自分が負うものであって人のせいにするな、ってことだ。

自分には運がない、ツイてないなんて言うヤツがいるけど、それは実力がないってことだよ。なせばなるなんて言葉もあるけど、何をやってもダメなヤツは自分が悪いんだろうって思う。

芸人なんかでも、どうしても売れないんです、どうしたらいいでしょうか、なんて言ってくるヤツがいるけど、そりゃお前が下手だからだろ。

運がないとかチャンスがないとか言うヤツがいるけど、運を見逃さず、チャンスをつかむのだって実力なんだよ。

自分の子に才能がないことを突きつける

親が自分の子にどんな教育をするのかって、けっこう難しいんだ。ただ、甘やかされた子はろくなもんにはならないってことだ。

これは一般論なんだけど、人間の知恵や創造力ってのは、壁や障害があってこそ、豊かに発揮されるんだろうね。分厚い壁が、その子の目の前にあれば、ほっておいてもその壁をなんとかしよう、その障害から自由になろうとともがくもんだ。

壁をぶち壊そうとするヤツもいれば、壁の下に穴を掘ろうとするヤツもいるだろう。壁の内側に誰も気づかなかった自由を見つけるヤツもいるだろう。

知恵や創造力を使って壁や障害を乗り越えるところに、ある種の喜びがあるんじゃねえか。だから、壁も障害もない環境で何でも自由にやっていいよなんて言ってたら、知恵や想像力を働かせる必要がない。

「最近の子どもはやる気がない」なんていうけど、周りがよってたかってスポイルしてるんだから当然だ。

親も親で、マイホームパパだかなんだか知らないけど、何でも子どもの言うことを認める物わかりのいい父親が出てきた。「ダメなものはダメ」と教えられる父親がいなくなったんだね。

親が子どもの壁や障害を取り除いてしまうわけだから、その子を伸ばすというのとは逆のことをやってるわけだ。

そういう物わかりのいい父親ってのは、自分が可愛いだけなんだよ。エディプスコンプレックスじゃないけど、父親は子どもが最初に出会う人生の邪魔者でなきゃならないし、父親は子どもに嫌われることを恐れちゃいけない。

誰だって自分の子はひいき目に見ちゃうもんだけど、自分の子に何の才能もないことを教えるのは、ちっとも残酷なことじゃないんだよ。その子に才能がないことを突きつけるのが嫌だったら、なんとか世の中で生きていけるだけの武器を持たせるようにするしかないだろう。

例えば、メジャーリーグの大谷翔平、将棋の藤井聡太なんて存在がいる。誰もが努力すれば、大谷翔平や藤井聡太になれるというものではない。

彼らは少年たちに夢を与える存在じゃなく、逆に普通に努力したってどうしても手の届かない世界があることを知らしめる存在なんだよ。だから、親が子どもに「お前も大谷翔平や藤井聡太を目指せ」なんて言ってリトルリーグに入れたり将棋盤を買い与えたりするほうが残酷なことだと思う。

他人に迷惑をかけてるかもしれないという想像力の大切さ

オイラが年を取っちゃったからかもしれないし、あの新型コロナのパンデミックなんていう異常なことが起きたからかもしれないけど、自分が知らないうちに他人に迷惑をかけているかもしれないっていう、想像力というか謙虚さみたいなものが生きていくうえで必要だな、と最近よく考える。

例えば、新型コロナっていう厄介なウイルスは、不顕性っていって、感染してても しばらくは症状が出ない期間があって、そのときの体調は別に悪くないわけだ。だけど、感染してるんだから、他人にウイルスをうつす危険性がある。

自分が明らかに体調が悪くて咳き込んでいたら、マスクもするだろうし、外出しないでおとなしく家にいるだろう。でも、不顕性だったらその自覚がないまま、マスクもせず、外をほっつき歩く。そりゃ感染が広がるわけだ。

だから、オイラがマスクをしてたのは、何も自分が感染するのが怖かったからじゃない。

もしも自分に症状が出ずに自覚のないまま、新型コロナにかかっていたとしたら、マスクをしてなきゃ自分の大事な人や他人にうつすかもしれない。それは他人を思いやるということでもあるけど、ひょっとすると自分が他人に迷惑をかける危険性があるんだから、そのリスクを極力、低くしようという考えがあったからだ。

同じように高齢者の免許返納ってのがある。オイラも高齢者になったから、免許の更新のたびに試験場に行って高齢者講習なんてのを受けなきゃいけない。

運転免許試験場ってのは、万人に平等だし、代わりの人間が行くわけにはいかないから、オイラが顔をさらしてそんなのを受けてたら「タケシも年を取ったな」なんて言われるに決まってる。

だったら、免許を返納しようかって思うことがあるけど、免許を返納したらしたで「タケシも年を取ったな」なんて同じように言われるだろう。オイラはもう自分では運転しないんだけど、高齢者が車を運転して高速道路を逆走したり、人にけがをさせたり、ひき殺しちゃったりする事故のニュースを見るたびに、免許返納が頭をよぎるんだ。

これも同じで、もしかしたら自分は大事な人や他人に迷惑をかけるかもしれないという意識がないと、なかなか高齢者の免許返納は進まないだろう。

だけど今の時代、こうした他人に迷惑をかけているかもしれないって自覚が、どんどん薄くなっている。年寄りだからとかは関係なく、みんながみんな無責任になってる。だから、マスク騒動なんてのも起きるし、高齢者の交通事故も減らないんじゃないかね。

マスクなんてのは、ウイルス感染の確率を下げるってはっきりしたエビデンスがあるんだから、周囲に誰もいないとか、めちゃくちゃ換気がいい環境とかなら取ったっていいけど、電車の中や近くで人と話すときなんかは、やっぱりマスクをつけたほうが自分が相手に感染させるリスクを下げるっていうことでも意味がある。

高齢者の免許返納でも頑固ジジイがいくら嫌だって言っても、家族が説得して返納させたらいい。ただ、地方なんかはもう車がないと生きていけないようになってるから、免許を返納したせいで移動の手段がなくなる「買い物難民」なんかができないように、行政がちゃんと手当てしなきゃなんないんだけど、この国はそういうのが全く遅れているんだね。

日本の資本主義は末期的だ

日本はいろんな問題を抱えているけど、その一つが少子化だ。生まれる子どもの数が減っていて、働く世代の人口もこれからどんどん減っていく。

人手不足だと人件費が上がるはずなんだけど、なぜか賃金は上がらないね。政府は、女性や高齢者を働かせることで人手不足解消を進めてきたんだけど焼け石に水だ。女性労働者も高齢労働者も、結局は逆に賃金を押し下げられる存在になってる。

で、今度は外国人労働者を受け入れて労働力不足を補おうなんてやってる。前から外国人技能実習生制度にはいろいろ問題があったんだけど、補助金を出して外国人留学生を入れるようになった。

その受け皿になってるのが全国にある語学学校で、海外から語学留学生がどんどんそういった学校に入学してる。

だけど、留学生たちは学校の授業なんかには出ずに、近所のコンビニエンスストアで働いたりしているわけだ。ようするに、国が補助金を出してコンビニエンスストアの労働力不足を補うなんておかしな話になってる。

日本政府は基本的に移民や難民を受け入れないって態度なわけで、かといって労働力は足りないから、あの手この手で海外の労働力をなんとか国内に入れようって考えてるんだな。技能実習生だから賃金は安い。留学生も学生だから賃金は安い。

技能実習生にはたいした技術も教えず、教わる前に帰国させるし、日本はもう海外の労働力を安く使える便利な連中としか思ってない。本当にダメな国になっちまったと思う。貧すれば鈍すなんて言葉があるけど、こんなことを続けていたら、そのうちどこの国からも労働力が入ってこなくなるだろう。

異常気象もコロナも高齢者の免許返納も根っこは同じなんだよ

第一章で、「いくら異常気象になったって、人間は物をじゃんじゃん作ってどんどん買ってっていう経済システムをやめられない」なんてことを書いたんだけど、マスクを配布するような新型コロナ対策も高齢者の免許返納も同じ構図にある。

これはどういうことかっていうと、高齢者の免許返納なんてのは、政府がちゃんと決めて制度化すればなんとかなるもんだし、新型コロナ感染症対策だって、政府がロックダウンして街を封鎖すれば封じ込めたはずだ。

だけど、政府が年齢制限して免許の更新ができないようになると、ただでさえ売れ行きが減っている車がもっと売れなくなるだろう。公共交通機関がない地方の移動手段は、年寄りだって車しかないんだから、そうした需要がなくなってしまうだろう。

そうなれば、自動車メーカーが困る。だから政府は思い切った政策を打てない。

新型コロナ対策も同じで、ロックダウンなんかしたら経済への悪影響は計り知れないものがあるから手を打てない。東京オリパラなんて、1年延期して新型コロナが収束してないのに、それでも強行突破でやっちゃったわけで、あれだって経済への打撃を恐れたからだ。

この世の中は全て金、経済、資本によって回ってるんだよ。

もちろん、金も大切だけど、人間の命のほうがもっと大切だろう。オイラが、他人にウイルスをうつしたくないっていう理由でマスクをしていたのは、金のためじゃない。大事な人や他人を思いやる気持ちからだ。そうした気持ちがなくなったら人間、おしまいだよ。

政治や政治家ってのをあんまり信用してない理由

そもそもオイラは、政治や政治家ってのをあんまり信用してない。ガキのころ、地元選出の政治家がいたんだけど、今なら選挙違反で捕まるようなことをやってた。

例えば、選挙になると事務所に樽酒を用意して、近所のオヤジが行くとそれを飲ませたり、格安の会費で町内会や商店会の連中を温泉なんかへ一泊二日のバス旅行に連れてったりしてた。利益誘導型っていうのか、ばらまき型っていうのか、古いタイプの政治家だったんだけど、オイラの父ちゃんや母ちゃんを含めて地元の連中はみんな、あんな偉い先生はいない、なんて褒め称えてたんだね。

地元の連中も連中で、できの悪い息子や娘を役所や信金なんかに入れてもらうよう、その政治家に就職斡旋を頼んだりしていた。公共事業や行政の仕事を回してもらうなんてのは日常茶飯事で、こういうのが政治や政治家ってのが存在できる理由なんだなって妙に納得したもんだ。

利益誘導型っていやあ、いまだに道路や橋を架けたりハコモノを造ったりするのがいい政治家っていう風潮がある。地元に仕事を持ってくるのが政治家の仕事だって、有権者もそう考えてる節があるわけだな。

ところが、その地元はいいんだろうけど、国会議員なんだから露骨な地元への利益誘導は他の地域の人間にとっては何やってんだってことになる。しかも、それは税金なんだから、いかにもおかしなことになってる。

人間なんて不完全な欠陥品なんだから、理想的な政治なんてできっこないわけだけど、人間の露骨な欲望がこれほど表れてる世界もないよな。だから、利益誘導型の政治はこれからもなくならないよ。

政治家には資格試験が必要だ

今の政治を見てみろよ。みんなが自分の生活に不安を抱えているのに、一部の大企業や政治家ばかりが潤うような政策に税金を湯水のように注ぎ込んでる。

そんな金があるなら、若い連中が結婚して子どもを育てられるような経済対策をするとか、コロナで疲弊した経済を立て直すとか、パンデミックが起きたときに備えて病院や研究所を充実させるとか、大地震が起きたり異常気象で大雨が降ったりして災害が発生したときに備えて対策を立てるとか、やることは山のようにあるのに、そんなことに全く税金を使っちゃいない。

国会議員ときたら、視察と称して海外旅行をしたり、税金の無駄遣いにだけは熱心だ。元タレントや元スポーツ選手とか、なんでこんな連中が？ってのが国会議員になってる。

あんな連中を税金で食わせるなんて、バカバカしいことおびただしいよ。特に参議院がひどいね。解散もないんだから、当選したら6年間ずっと居座り続けてる。

やっぱり、政治家にも資格試験みたいなもんが必要だな。一般常識はもちろん、政治経済、英語、理数系なんかでもある程度の点数を取らないとダメ。選挙で当選しても、資格試験に落ちたら1年間は研修して再試験を受けさせる。

そうすれば世襲議員なんて、試験に受からないのがたくさんいるだろうね。世間知らずの政治家にこそ、資格試験が必要なんじゃないか。

人生100年時代、定年後はどうやって生きていけばいいのか

よく「定年後に備えて趣味を持て」なんて言うよな。だけど、あれは嘘なんだよ。その趣味がいかにおもしろいかということを知るには、さすがに定年後だと遅すぎる。

だって、本当の趣味というのは、会社勤めなんかをしている間に「親が急病で」なんて会社に嘘をついてまでしてゴルフや釣りなんかをすることなんだから。そうまでしてやるのが趣味なんで、定年後に何か趣味でも始めようかといったって絶対に続かないよ。

親族の葬式だって嘘を言って仕事をサボって陶芸をして、できた焼き物を香典返し

だって上司に渡すくらいずうずうしいことをしないと趣味なんて見つからないんだよ。時間が足りない中で、なんとか趣味の時間を捻出するくらいじゃないとダメなんだ。

ただ、仕事が趣味という人がよくいるけど、あれは仕事が趣味というより人間関係が趣味なんだろうね。新橋の飲み屋街に行くと、仕事帰りのサラリーマンが楽しそうに飲んでたりする。違う会社の人間同士が飲んでたり、定年後も新橋で待ち合わせして一緒に飲んだりしているんだ。

それは仕事仲間でもないわけで、仕事帰りにたまたま同じ飲み屋で会っているような人間関係の雰囲気が好きなんだね。映画の照明さんにも現場の雰囲気の好きな人がいる。定年で仕事をやめても、同じように自分が過ごせる場所という環境づくりが大事なんじゃないかな。あとは、自分でそうした場所を開拓することだね。

今を生きる

オイラ、大きなバイク事故を起こしたことがあったんだけど、その後、病院で目が覚めるのが嫌だったんだよ。事故って入院するまでの記憶がないんだから、もしかしたらオイラ、死んでるんじゃないかって思ってね。

でも目が覚めると、オイラ、生きてるんだって思ったんだけど、退院してから自宅で朝、起きるときも、目が覚めたらまだ病院だったら嫌だな、なんてことを思ったりもしてた。だから、薄目を開けながら起きたりしてたんだ。

ゴルフをやっていいスコアを出したときも、あれ？　これって病院で見てる夢なんじゃねえかって思ったりね。

パラレルワールドってのがあるんだけど、これは無限の数の宇宙があるという話で、今の現実のオイラと、片っぽでは死んでたり、片っぽでは浅草でまだ漫才をしてたりという別のオイラがいるんじゃないかと思ったりする。

ただ、実感があるのは今なので、あんまり気にしないようにしてる。

楽しく生きるって考え方はずうずうしいことだと思ってる。生きていくことは苦しいことで、おまけとして楽しいことがたまにある。

ただ、普通に生活している中で苦しいなんていちいち思ってないけどね。どうも、楽しく生きるってのは実感がないんだ。一番楽しいのはくたばるときだと思ってる。

死ぬときが一番楽しいのかもわかんないね。この世に生まれて生きているってことは、かなり苦痛だし、罰のようなもんだと思ってる。だから「いつでもくたばってやるぜ」って思っているからね。

第三章

エンターテインメントの怖さ

落差の中にお笑いがある

お笑いってのは、落差。あげといてストンと落とすのが本質なんだ。だから、偉い人を笑うのはおもしろいし、結婚式や葬式なんてのを舞台に考える。それは落差であるし、常に幸せなところに悪魔が忍び寄ってくるのがお笑いなんだよ。

例えば食事だったら、「貧乏な人のテーブルに、間違って高級料理が運ばれてくるんだけど、すぐに取り上げられちゃう」っていう落差にお笑いのテンションが出てくる。天国から地獄、幸せから不幸という落差に笑いがある。

他には建前と本音が交錯するような状況もおもしろいと思うね。会社員の壮行会のとき、送られる側がいざ出発なんてタイミングで新幹線が出なくて、ホームでみんなが居心地悪くなるなんて設定がある。新幹線が2時間も遅れて、みんなホームで待たされる、なんて光景だね。

これは王様は裸だ、と同じなんだよ。お笑いというのは、本当は笑ってはいけない場面で笑うしかないという状況で起きたりする。例えば、コロナ禍でいえば、ずっと会ってた相手がマスクを取ったら「誰あんた?」なんて状況もおもしろいと思うんだ。

理想と現実の大いなるギャップから笑いが生まれる

オイラが考える人間の本質ってのは、いくら平等博愛なんて理想を掲げても、他人を恨んだり妬んだりするし、自分と他人を比べて優越感に浸ったりひがんだりする生き物だってことだ。

平等で公正公平な社会っていう社会主義の理想は、こうした人間の本質から抜け出せないんだな。だから、これまでの社会主義国家がどこも北朝鮮みたいに独裁的になって、さもなきゃソ連のように崩壊することもあれば、中国みたいに民主主義じゃやっていけない国になったりする。

理想を掲げるのが別に悪いってんじゃないけど、人間ってのはやっぱり自分の欲望に正直に生きたいって願う動物なんだから、社会主義の理想を実現するにはどうしたって無理がある。マルクスを読んだことはないんだけど、理想と現実の矛盾をどう解決するのかっていうところがオイラにはどうしても難しいんじゃないかって感じるんだ。

人間も生き物の一種なんだから、セックスをして子もつくるし、屁もすればクソもたれる。だけど、人間ってのはそうした本能的な行為や生理を美しく描きたがる不思議な生き物なんだな。

セックスなんて客観的に見たら、あんなに下品でむき出しの感情が出るものはない。汗みどろになって組んずほぐれつして、わめき合ったり呻き合ったりするわけで、ほかの動物がけっこう短時間で淡泊にセックスするのに比べて時間も長けりゃ方法も手を替え品を替え、いろいろあって面倒くさいものになってる。

だけど、セックスのシーンを映画なんかで撮る場合、わめき合ったり呻き合ったり長々と手練手管を繰り出したりするようには描かない。AVなんかは別にして、やっぱり美しく気高く尊い行為として撮るわけだ。

食い物なんかでもそうだけど、どんなにきれいに盛り付けがされた美食だって、いったん人間の口に入って消化管から肛門にいたり、クソとして排出されたら、スカトロマニアを別にすれば誰だってそれをきれいだなんて思わない。

もちろん、人糞ってのは歴史的には珍重された肥料だったわけで、そういう意味では尊重されるべきもんなんだけど、一般的にクソは汚いものとして扱われる。食べ物は尊重されるけど排泄物はそうでないところにギャップがあるんだね。

セックスにせよ、排泄行為にせよ、社会主義にせよ、人間が考える理想と現実には明らかに大きな矛盾があって、人間はその間のギャップをどうにか乗り越えようとしてきた。

だけど、人間ってのはしょせんは自分の欲望とか現実のリアルな力の前では無力で、いったんは理想を実現したと思っても、結局は人間が生き物として抱えている根源的な生理、つまり現実には勝てない。

だから人間ってのはいくら理想を追い求めようとしても、それができない不完全な生き物ってことになる。笑いってのは、そうした不完全な欠陥品である人間の理想と現実とか、本音と建前とか、その間にあるギャップがあるからこそ生まれるわけで、逆に言えばこのギャップを理解できないと人を笑わせることはできないんだよ。

捉えどころのない存在であること

そういう意味では、芸人ってのはセックスしたりウンコしてる姿とかをさらけ出してるような連中なわけだ。オイラは、お笑いの舞台にしてもテレビ番組にしても映画にしても、自分が過去に出たり演じたりする映像を改めて見返すってことはしない。

なぜなら、自分がセックスしたりウンコしてる姿を見せられてるような気がするからだし、舞台に立ったり役を演じたりしているときは無我夢中だったりするから、そういう自分を客観的に見るのが恥ずかしいからだ。それに、舞台に立ったりしてた当時、客に受けなくてスベって冷や汗かいたりしたこともあったから、当時の記憶がよみがえってきて嫌だなってのもある。

芸人が自分の芸を振り返ったら、それはそいつがもう先に進めなくなってるときなんだよ。オイラは若いころから、自分の芸とか出演回を振り返ることに興味がなかった。

どうしてかっていえば、一回やったもんを繰り返すようじゃダメだと思ったってのもあるけど、芸人の世界はどんどん後輩が出てきて追いつ追われつするわけだから、いつも前を向いて走ってなきゃならなかったからだ。一瞬でも気が抜けない感じがしたから、過去にこだわるつもりなんて微塵もなかった。

だから、ぬらりひょんみたいに捉えどころがないのがいいんで、そいつの芸のキモみたいなもんがみんなにバレちまったらおしまいなんだよ。あいつは変なヤツで何考えてるのかわかんねえ、なんて常に言われてなきゃならなくて、あいつの芸はああだね、なんて解説されちゃったらもうその芸に魅力はない。

生物の進化論みたいなもんで、遺伝子を組み換えて走り続けてないとダメなんだ。正体をつかませないようにして、理解したと思った瞬間には全く違う芸を見せていかなきゃ。どんな美人だって3日も一緒にいりゃ飽きてくる。どんなに光り輝くものも手にした途端に陳腐に感じる。

芸人の芸やエンターテインメントってのはそういうもんで、一緒にいたり手にしたりできないところに常にいなきゃなんないんだ。謎めいた存在であることが、観るものを驚かせたり笑わせたりするわけで、正体見たり枯れ尾花じゃダメなんだね。

笑いが不当に低く評価されるのはなぜか

映画にしてもアニメにしてもテレビドラマにしても、今の日本のコンテンツ作りって、どうも泣けるかどうかってのを評価の基準にしてる感じがあるね。

泣けるかどうかが、その作品がおもしろかったかどうかを決めるなんて、おかしな話だと思うだろう。でも、映画にせよアニメにせよ、泣けたかどうかが重要だってことになってる。

実は、物語作りでいえば、泣かせるってのはそれほど難しい作業じゃない。落語の人情話とか歌舞伎の心中ものとか、古今東西いろいろあるわけだ。こうした泣かせる物語ってのは、人間の情動をもとに長い間の試行錯誤を経て定型化されてるから、アレンジして一番ふさわしい定型に当てはめていけばいい。

ところが、笑いってのは泣かせるよりもよっぽど難しい。なぜなら、自分や世の中を客観視できないと、観る側の笑いを引き出せないからだ。どういうことかというと、笑いってのは落差や違いなんかから生まれるもんで、AとB、自分と他人、常識と非常識、上品と下品なんかの間に生まれるからだ。

みんなが違和感を抱いてるような常識をひっくり返してみたり、普段は隠されてる本音をさらけ出したり、偉そうにしてる世間知らずの殿様をからかったり、ずるかったりセコかったりといった人間の本性が暴かれたり、そんなことを物語にするには客観的にものごとを見ないとできない。

これは実は差別と紙一重のところがあって、だから他人を差別的に笑わないために自虐ネタなんてのがある。自分をおとしめて笑いを取るわけだけど、おとしめるってことは比較する相手がいるわけだ。自分と他人を比較するからおとしめることができるわけだから、これも客観的に両方を見ないと笑いは取れない。

ということは、人間が笑うって行為には、どこか自分を客観的な立場において、おかしな常識にとらわれていたり、間抜けな故におとしめられたり、本音をさらけ出した相手を突き放して眺める部分がある。

つまり、笑われる相手を見下したり、あざ笑ったりしているわけで、人間には内心そうした自分の態度を恥ずかしく感じるところがあるから、笑いってのをあまり高く評価しないんだろうね。だから、笑いは不謹慎だとか下劣だとか言われるんだろう。

お笑い芸人に常識が必要な理由

よく芸人が非常識なことを言ったりやったりしたとき、芸人なんだからしょうがない、なんて擁護にもなんないことでまとめようとするヤツがいる。だけど、お笑い芸人に限っていえば、常識がない芸人は大成しないんだよ。

なぜなら、笑いってのは、常識的な日常の中に潜んでいるもんだし、常識がないと笑いとヤバい発言とのギリギリの際がわからないからだ。

常識を持つっていうのはけっこう難しくて、芸人じゃない一般人にも常識のないヤツはけっこう多い。一般常識っていうように、誰でも知ってることを知ってたり、一般的な礼儀作法を知ってたり、冠婚葬祭なんかの場面場面にふさわしい立ち居振る舞いができるのを常識があるというわけだからね。

一般常識以上のことを無理に知る必要はないけど、オイラなんかは好奇心が旺盛だから、例えば対談相手がノーベル賞を受賞したような研究者だったら、その人の研究のとっかかりくらいは知っておきたいと思って対談に臨む。別に芸人だとバカにされたくないからじゃなくて、自分自身が興味あるからなんだけど、そんな偉い先生にも冗談を言ったりできるのは、やっぱり相手の考えてることとか業績なんかを知ってないとダメなんだよ。

誰かの不幸を笑いにするときだって、自分の中に常識っていう一種の物差しをもってないと、笑いにならない侮蔑になって周囲をしらけさせちゃうこともあるわけだ。冠婚葬祭なんかでの常識的な振る舞いがどんなものかを知らなかったら、その逆をいって笑いにしたり、ギリギリ言っても大丈夫なこととさすがにそれはアウトだろって際もわからない。本質を突いているようで、ギリギリのところで笑いに逃げるってのは、お笑い芸人にとって大切な技術なんだけど、常識がないとできないんだよ。

誰も屁をしてないって建前と誰か屁をこいたろうって本音

ごく普通の日常の中に潜んでいる笑いの種を見つけたり、笑いをそっと忍び込ませることもテクニックの一つだけど、厳粛で緊張感漂う場面にこっそり入り込んでくるような笑いもある。人間ってのは、本当は笑っちゃいけない状況でも笑ってしまう動物なんだよ。

笑っちゃいけないって思えば思うほど、笑いがこみ上げてきて自分でも制御できなくて困るなんてよくあることだ。そうした場面設定で、どんな笑いが効果的なのかは、やっぱりごく普通の日常をよく観察したり、常識をよく知らないとダメなんだよな。

例えば、新郎新婦が両親へ感謝を伝える結婚披露宴の感動の場面で、ＢＧＭを流す機械が壊れちゃって、「ネコ踏んじゃった」が延々と繰り返されてスタッフが焦ったり、葬式で正座してたから足がしびれて焼香できなくなって七転八倒してる親戚のオッサンの姿を不謹慎だから笑うに笑えないほかの列席者とか、そういう厳粛で緊張感漂う状況に場違いなことが起きるからおもしろいんだ。

笑っちゃいけないと思いつつ、どうしようもないってのが人間で、そこに笑いの本質がある。

オイラが大学に通ってたころ、乗ってた満員電車の車内に屁の臭いが漂い始めたことがあった。すかしっ屁だから誰がしたかはわからない。みんな内心どいつがこいた屁だろうって思ってるけど、オイラも含めて誰もが押し黙って知らんぷりを決め込んでた。

通勤電車のその車両には場違いな作業着を着たオヤジが乗ってて、そのオヤジがいきなり騒ぎ始めて屁をした犯人捜しをしたんだよな。臭えな、誰か屁をこいただろう。スーツなんか着て気取った顔してるお前、サラリーマンだからって屁なんかしやがって、とか、じゃお前か、化粧なんかしてきれいな格好してたって屁もすりゃクソもたれるだろ、お前が屁をしたんだな、いったい何を食ったらこんな臭え屁が出るんだ、とか。

オイラ、それを聞きながら笑いをこらえるのに必死だった。日常に入り込んだ異物、それがこのオヤジなんだけど、そいつが気取った連中を次々にヤリダマに挙げて追及するっていう建前と本音のギャップが強く印象に残ってた。世の中には、本音を隠しながら嘘をつくことで日常を保ってるようなことがよくある。

「出物腫れ物所嫌わず」って言葉があって、誰だって屁くらいこくわけだ。だけど、誰もが自分がしたんじゃない、なんて顔をしてすましてる。誰かが屁をしたのは明らかなんだけど、それをあえて指摘しないのが常識ってもんだ。

だけど、そのオヤジはそんな常識をブチ壊し、満員の通勤電車っていう日常の建前に本音を持ち込んだところに笑いが生まれる。常識や建前、礼儀なんてのは、人間が生きてくうえでは大切なもんだけど、時としてそんな常識や建前はリアルな本音の前に簡単に崩壊しちゃうんだな。

異端者を認めない間抜けな民主主義

よくオイラは間抜けな民主主義なんて言うんだけど、多数の意見を尊重するっていうのはモノゴトに対する正解があらかじめあるってことなんだよね。それが正解か不正解かってのは実はわからないことのほうが多い。

多数意見とは違う少数意見があるのは当然のことだけど、そういうのは全部、抹殺され、あらかじめ多数意見が正解って決められている間抜けな民主主義じゃ、たとえそれが間違っていたとしても通っちゃう。大勢に与しない異端者を認めない時代なんだよ。

それは例えば、農園で栽培された作物で形のおかしなものを弾いちゃうようなもんで、テレビの芸能がダメになったのは、早いうちから危険なヤツだっていって摘んじゃうからだよね。かわいそうだから笑っちゃいけないとかね、そんな芸能がいかにつまらないか、どこもかしこもコンプライアンスばっかり気にしてつまんなくなった。

お笑いなんてのはコンプライアンスをブチ破るところに魅力があるんだけど、なんでもかんでも規制規制で昔のテレビみたいな過激なことは一切言わなくなっちゃった。ただただ、自分のことを笑うような自虐的なネタばかりになってるんだよ。自分で自分の首を絞めるような状態になってしまった。

たまに、他人の悪口をYouTubeで言いふらすようなヤツが出てきて国会議員になったりするんだけど、それも今度は否定されちゃって抹殺されるような状況だ。あんなのはしょせん、ニワトリ小屋の中のケンカっ早いニワトリなんだけど、飼い主が出てきて首をはねられちゃったようなもんなんだね。

オイラが考えるキュビズムみたいな映画手法

ここからちょっと映画の話をしたいんだけど、まず世界的に大ヒットするような作品を撮らないといけないとは思ってる。そんな作品を撮ることができたら、今度はその作品を使ってやりたいと思っていることがあるんだ。

それは、その大ヒットした映画のシーンが例えば１００あるとすると、シーンナンバーをビンゴゲームみたいにして順番をバラバラにシャッフルしてつなげて編集してみる手法なんだ。絵画には、印象派からキュビズムへという流れがあって、つまり映画におけるキュビズムみたいなことなんだけど、観てる側はバラバラに出てくるシーンを頭の中でつなぎ直して自分なりの映画にできるんじゃないかって思うんだ。

だから、シャッフルした結果、いきなりラストシーンが出てくることもあるけど、それはそれでかまわない。この手法は、実験段階としてオイラの頭の中にはすでにできあがってるんだけど、まずは大ヒットするような世界的な映画を撮らないとインパクトがないんだよな。

もう一つは、各シーン自体をキュビズムの手法で撮っても面白い。そうなると、組み合わせが無限大になる。これは映画の歴史の中でも画期的で革命的な手法だと思う。

映画ってのは、まだまだ不完全なもので、残された手法の可能性はたくさんある。フレームが動いて見えるのも、単に人間の視覚の残像効果だろ。デジタルで考えると、もっとフレーム数を細かくできるはずなのに誰もそれをやらないよね。

デジタルになった時点ですでに革命が起きてるのに、実写で撮りにくいシーンをCGでごまかしたりするだけだ。「本当ならフィルムで撮りたいのに」という、デジタルが単なる補完技術のままになっている。

一つの技術が開発されると付随して技術が増えていくんだけど、人間の観る映像をデジタル技術で革命的に変えることだってできるはずだ。撮る視点でいっても、アニマルプラネットみたいな鳥瞰、俯瞰をもっと多用できるはずだよ。

自分の体験からしかひらめきはない

よく「ひらめきってあるのか」なんて聞かれる。もちろん、頭の中で、こうやったらおもしろいんじゃねえか、映画でもこう撮ったらいいんじゃねえか、という感覚はある。

ただ、そうしたアイデアってのは、これまでオイラが本を読んだり映画や絵を観たり、日常的に暮らしていて感じたこと、おもしろかったりつまらなかったりという、いろんな経験がかなりの部分を占めている。たとえ、何か急にひらめいたとしても、それは自分の経験から出たものなんだよね。

例えば、オイラ、本物のヤクザが殺されるところを見たことがあったから、映画でもそうしたシーンを取り入れたりした。それは、全く違う世界からの啓示みたいなものじゃなくて、全ては自分の経験からなんだよ。だから、自分には経験のない、あまりにもかけ離れた未知の世界は表現できない。

お笑いなんかでも、その世界に入らないとわからないことをネタにする。家庭を持たなければ家庭のバカバカしさがわからないように、実際、自分自身の体験からギャグはたくさん生まれるんだよ。

本を読んでいろんなことを知識として頭に入れても、自分の経験がないとギャグにはならないんだ。だから、お笑いでＳＦものというのはパロディなんだろうね。

未開拓の世界に出合うのは運がいい

オイラ、大学をドロップアウトして浅草に行って、師匠（深見千三郎）に「お前、芸人になりたいのか」って言われてこの世界に入ったわけだけど、同じ舞台に出ている他の芸人を見てるとつまんないんだよね。当時の浅草の芸人なんてもう見てられないくらいおもしろくなかった。

浅草演芸場には、西部開拓時代みたいに未開拓な部分がまだあったってことなんだな。開拓する部分がまだあった時代の人は運がいいんだよ。

プロ野球だと、今は大谷翔平なんて、メジャーリーグでも超一流の選手が二刀流でいるわけだけど、オイラの時代は王・長嶋で、あんなに幸せな人たちはいないよね。

当時の日本の野球ファンは、メジャーリーグの選手なんてほとんど知らなかったんじゃないかな。

もちろん実力がなければダメだけど、そうした未開拓な時代にうまくハマった連中が成功をつかむんだろうね。それが出尽くしちゃって、これから何かをやろうとしても、ほとんどチャンスがないからすごく大変だろうと思う。だから、ＳＮＳで釣られて１００万円で強盗殺人やっちゃうようなバカが出てくるんだよ。

あのころ、浅草に行ったのはロマンだよね。もちろん、お笑いが好きだったし、新劇も好きだった。

ただ、オイラ、新宿でアルバイトをしてたんだけど、唐十郎とか状況劇場とか何がいいのか、さっぱり理解できなかった。もちろん、ああしたアングラ演劇ってのは、おもしろいのはおもしろいんだけど、わからないまま理解できないまま、その世界に入っていくのはオイラ、嫌だったんだよ。

わかっている世界なら納得ずくで入っていける。そう考えて、ふらふらっと浅草へ行ったらお笑いやってたんだよね。

浅草でお笑いの芸を観た後に飲んでたら、その店に落語家がいて、その落語家を眺めてたら、ああ、ああやって毎日高座へ上がったら、酒を飲んで暮らせるんだ、いいなって思った。

売れなくたって、そのままおっ死んで、かつていい芸人がいた、なんて言われる一生なんてのもいいなって思ったんだ。だからロマンだよね、売れない芸人でもいいやっていう。

師匠に言われて舞台に立って、オイラのほうがほかのヤツらよりおもしろいだろうってやってたら勝っちゃった。だんだんオイラ目当ての客もつき始めて、そのウワサを聞きつけたテレビ局が来てって感じで売れちゃったんだよ。

ただ、そんな毎日の中で、頭の片っぽでは、売れなくても毎日、同じ芸人仲間や師匠なんかと酒を飲んで過ごしながら安アパートでくたばっていくってのもいいか、とは思ってた。もちろん、芸事は一生懸命やったけど、それが売れるか売れないかはあんまり考えなかったな。

芸事の怖さ

例えば、稽古を1年やったヤツと、10日間、舞台に立った漫才師がいたとする。そのふたりを比べたら、舞台に立ったヤツが勝つに決まってるんだよ。稽古だけしてても現場に出ないとダメなんだよね。

やっぱり芸事っていうのは、客前でやらないと身につかない。たとえ3人の客でもいいから、客の前でやるのとやらないのではまるっきり違うんだ。これは芸事でもスポーツでも同じだと思うんだけど、実戦をやらないヤツはダメなんだね。

お笑いでいえば、最も大切なのは技術でもネタでもない。とにかく、客を笑わせること、客に受けることだ。どんなに話芸が素晴らしくたって、目の前の客を笑わせることができなきゃ何の意味もない。客席から客が大笑いしてる声が聞こえてきて、客席全体がどっと受けるような芸を見せるのが大事なんだね。

なんで現場が大事なのかっていうと、芸人ってのはその日その日の客に合わせて、同じネタでも話すスピードを変えたり構成を変えたりしなきゃなんないからだ。オイラは、浅草のストリップ劇場や演芸場の舞台に長く立ってたから、現場で客との間合いをどうするのがいいか、考え続けてたね。

今日はどんな客が多いのか、どんな客層なのか、それを即座に察知して変えていく。今日は、じいさんばあさんが多いなって感じたら、ネタを展開するテンポを落としたり、わかりやすい言い回しにしたりする。逆に、こっちが用意したネタのツボですぐに笑いが返ってくるような客層だったら、ちょいとネタのレベルを上げてみたりといったことをやっていた。

場の空気を読んで、演芸場に通い慣れてるようなツウの客も場末のキャバレーなんかの客も、どんな客でも笑わせることができるようにならなきゃダメなんで、自分のネタを理解できない客のほうが悪いなんて言ってるようじゃ、まだまだなんだよ。

　あと、客前に立って、客が乗ってきて自分も乗ってはいても、そういう状況を客観的に見るもうひとつの目がないとダメなんだ。そうした視点ってのは、持って生まれたものなのかつちかうものなのかは、わからないけど、それがないといい芸人にはなれないだろうね。

　例えば、ツービートで売れ始めたころなんか、舞台の後ろのほうでオイラたちの漫才を偵察に訪れる同業の連中が現れてきた。ようするにライバルなんだけど、そいつらには徹底的にオイラたちのほうが上だってことを思い知らせてやる必要があると思った。

　だから、そういう連中がいる場合、客には迷惑だったろうけど、いつもよりもレベルの高いネタでぐいぐい押していくようなこともした。こいつらにはかなわねえ、なんて思わせないと、同業の芸人連中に見くびられるからね。そうして勝負に出た舞台が、案外評判になってテレビの仕事も増えたし、結果的に漫才ブームにつながっていったんだよ。

自分がどんな状況にいるのか、勝負に出るならどんなふうに出なきゃいけないのか、客観的に自分を眺めることができないとダメなんだよ。

それは映画監督にも言えるかもわかんないね。映画監督なんてのをやってるヤツは、たいてい映画が好きなわけだ。ただ、その好きにも2種類あって、映画監督が目的になっているヤツ、それと映画監督は手段にすぎないヤツ。

オイラみたいに映画監督は手段だってヤツにとって映画ってのは、表現手段のひとつにすぎない。だから、自分の映画を客観的に見る目を持っているんだと思う。

客観的に作品を作るっていうことは、作ってる間の思い入れや苦労なんかを忘れ、ひとりの読者、ひとりの観客として自分の作品を観たり読んだりすることができるかどうかだ。映画に限らず、絵でも小説でも、自分の作品をほかの人がどう感じるかなんて、本当のところはわからない。そして、自分がいいと思う以上の作品を作ることはできないんだ。

　エンターテインメントの怖さは、理解者が何人いるかっていう勝負になるんだけど、自分ではいい芸だって自己満足していても、はたから見たら全くおもしろくない芸人も多い。それがおもしろくないというのは、その人の経験とか芸歴とかお笑いに対するセンスの問題なんだから、その人が自分の芸にいくら満足してたって、多数決でおもしろいのかつまらないのかどっちかって決められちゃうんだから怖いよね。

　ただ、「お笑いとは何か」とか「人間にとっての幸せとは何か」とか、そういった抽象的な話になると、いったい何が正しいのか、そもそも正しいことなんてあるのか、とは思う。

人間の感情や衝動を商売にすること

芸人ってのは、昔からそんなに尊敬されてたわけじゃないし、ずいぶんと差別も受けてきたからね。酒を飲んで野垂れ死にするのを美学としてとらえるような連中が芸をやるわけだから、ちゃんとした人間から見るとそれは肯定できる生き方じゃないよね。

そもそも音楽も含めて芸能って、むき出しの自分の感情を売り物にするわけだから、差別される理由もあるんだろう。

鎌倉時代あたりかな、芸事に作法ってのができてきたわけだよ。もちろん、懐石なんかは理にかなった食事の順番みたいなものがあって、それが作法のバックボーンにあって、作法として様式化されたわけなんだけど、その一方で食いたいものから食いたいっていう食の衝動というものもあるんだよ。

そうした感情や衝動みたいなものを商売にするのが芸人だし、フィクションなんだけど、ラブシーンみたいな情景を生活の糧にして商売にするのが芸人なんだ。人間の感情や衝動を商売にすることが下品とされていたから、差別されたんじゃねえのかな。

ただ、この作法ってのもよく考えてみると、前のほうで新型コロナのマスクについて書いたけど、他人への気遣いのことなんだね。懐石の作法なんか、細かい決め事をいくら知っていても、他人のことを気遣う本当の気持ちがなければ、それは作法でもなんでもない。反対に、細かい作法なんか知らなくても、本心から人を気遣うことができればそれが作法なんだよな。

だから、作法がダメなヤツは、相手に対する気遣いができてない。人の気持ちを考えて行動するという発想があれば、けっこう何をやってもうまくいくもんだよ。

映画監督という仕事

おもしろいもんで、オイラ、大学は工学部（現在は理工学部）だったし、数学の問題を解いたり、難しい数式について考えたりするのが好きなんだ。だから、映画監督という仕事をするようになっても、やっぱりオイラは理系だなと思う瞬間がある。

例えば、シナリオを書いてるときなんか、無意識に因数分解みたいな作業をやってたりする。数学は哲学であり、生きてるものはもちろん、森羅万象は数字で説明できるし、全ては数字に支配されてると思う。

なんでもそうだけど、舞台の上で死にたいとか、最後にいい映画を撮って死にたいとか言うけどあれは違うんだよ。生きてれば、欲が出てくるから、これが最高傑作だなんて思った瞬間にもっといい映画を撮りたいって思うもんだ。

映画ってのは、完成したと思ったら今度は次から次に気に入らないところが出てくる。映画にせよ、絵にせよ、小説にせよ、完璧なものなんてこの世にはない。満足するってことは一生ないんだろうね。オイラ、完成試写会で自分の映画を観てる間に、ここんところは次はこうしようとか、もっといい映画を撮ろうなんて考えてる。

ただ、オイラは自分の映画の評判をけっこう気にするんだよ。ほかのヤツの映画が評判いいって聞くとイラつくよね。それは芸能をやってたときと同じで、あんなの観るヤツがバカなんだとか、でもその映画を観てみると、いやちょっといいな、なんて思ったりもする。もちろん、そんなことは語らないんだけど気になるもんなんだよ。

エンターテインメントは世の中に影響される

それにしても、テレビはもうダメになっちゃったね。スポンサーや視聴者からのクレームに敏感になりすぎてる。

その結果、味も素っ気もない、誰にでも言えるようなコメントばかりになっている。不倫がいけないとか違法薬物に手を出しちゃいけないとか戦争反対とか、そんなことをワイドショーなんかに引っ張り出されたお笑い芸人が言ったって何の意味もない。

だから、ちょっと政治ネタとか社会風刺みたいなネタをやるような芸人、体制に批判的なことを言うようなタレントは、テレビ局がおっかながって使わなくなる。コンプライアンスだかガバナンスだか知らねえけど、何かあったら誰が責任とるんだ、なんて組織の論理も働くんだろうね。

テレビがダメならインターネットはどうかっていうと、もっとダメ。YouTubeなんかに出てきて再生回数を稼いでる連中がやってる内容なんて、小学校のクラスで人気者が受け狙いでやるネタよりもひどい。話題の店に行ってラーメンを食べたとか、素人がやってるんだから素人芸なんだろうけど、あんなものがもてはやされるようになったらおしまいだ。

だから、やっぱりクローズドのライブがいいということに、みんなも少しずつ気がついてきた。テレビやインターネットで観たり聴いたりするエンターテインメントより、肌感覚っていうのか現場感覚っていうのか、目の前で生で観たり聴いたりするほうがずっといいんだね。これは当たり前のことなんだけど、大衆芸能っていうくらいで、テレビなんかのメディアを使って広く薄くばらまいてきたから、この当たり前のことに受け手の側の大衆も長く気づかないできたんだよ。

ライブってことでお笑い芸人でいえば、アメリカやイギリスの飲み屋やパブでやってるようなスタンダップコメディみたいな風刺芸をやればおもしろいかもしんない。ただ、日本人ってのは周りを気にする連中ばかりだから、やっぱり叩かれるんだろうな。

こういうネタは、アングラっぽい会員制の酒場で木戸銭をもらってやる、なんて可能性がないわけじゃないけどね。木戸銭を払ってまで、そういう風刺ネタを観にくるヤツがたくさんいるかどうかは疑問だけど、いずれにせよ、芸人は人気商売だから世の中の変化や環境によって、この人気ってのも影響を受けるんだ。

コロナ禍で、ずいぶんエンターテインメントの環境が変わった。同じようにお笑いの世界も世の中や受け手の側の変化によって影響を受ける。それは間違いないね。

お笑いは日常が満ち足りた状況でやらなきゃ意味がない

東日本大震災のときも、また新型コロナのパンデミックでも、身にしみて実感したのは、お笑いってのは本当に衣食住が満ち足りた環境でやらないと意味がないなってことだ。東日本大震災の直後、タレントや芸人が被災地へ行って笑いを提供するなんてことをやってたけど、オイラはそんなの無意味だって思ってた。

肉親や知人が死んで、悲しみのまっただ中にいるような人たちを笑わせることなんてできない。だから、世の中がどんどん貧しくなって、もし仮に一個のおにぎりを奪い合うような悲惨な状況になったとしたら、お笑いなんてのは全く無意味になっちまうだろう。

例えば葬式で笑っちゃいけないっていうのもそうだけど、笑いにとって場違いなところって多い。冠婚葬祭で言っても、笑っていいのは結婚式とお祭りで、真面目な場面で笑うと不謹慎だなんて怒られる。

逆に、世間から下品だの不見識だの下劣だのと言われて忌み嫌われたって、オイラはお笑いってのは人生に必要だと思ってるし、お笑い芸人は他人から笑われてなんぼなんだよ。オイラ、自分のネタで客に笑ってもらえるのが快感だったからやってた部分も大きかった。他人を笑わせることしかできない連中が芸人なんだよ。

新型コロナで緊急事態宣言なんかが出て、番組の収録がほとんどリモートになった時期があった。新型コロナのせいで世の中が全て沈静化し、お笑いなんて出番がなくなったんだ。実際、あのころはけっこう落ち込んで、知らないうちにイライラしてたよ。

オイラなんて外をほっつき歩いたり、あちこち飛び回ってるのが好きなほうだからなおさらだ。それまでテレビや映画で大忙しだったから、絵を描いたり小説を書いたりする時間が欲しかったんだけど、コロナ禍で急にステイホームしなきゃならなくなって、いざ時間ができてもどうもやる気が起きない。あれは不思議なもんだね。

根っからのエンターテイナー

どんな世界、どんな業界でもそうだけど、若いうちに成功を収めてしまうと、その後、ずっとそのポジションを維持し続けるのは大変だ。スポーツ選手はもちろん、芸能界だって同じで、早いうちに売れてスターになってしまった場合、売れっ子になって人気を集めていたときのエネルギーをずっと維持し続けられるもんじゃない。

同じかそれ以上のパッションやエネルギーを出し続けられるヤツはごく一部で、しばらくすると周囲が色あせて見えてきたり、自分に自信が持てなくなってきたりする。なまじ成功を収めてしまったもんだから、もう自分にはこれ以上できないんじゃないか、なんて不安になって、投げやりな行動に出る衝動に駆られたりもする。

1994年にバイク事故を起こしたときのオイラもちょうどそんな感じだった。事故を起こす前のことは、あんまりよく覚えてないんだ。バイクに乗った理由さえ、おぼつかない。

そのころのオイラは、テレビにもバンバン出てたし、金だってたくさん稼いでた。ただ、それまで映画は監督として数本撮ってるんだけど、まだあんまり評価されてなかったんだよ。

内心では、映画が評価されないことでけっこう凹んでたんだろうね。オイラには映画監督の才能なんてないんだ、なんて落ち込んでた。テレビでは絶好調だったけど、自分では、やっぱり自分の撮った映画が認められないのが心のどこかに引っかかってて、知らない間に自暴自棄になってたのかもしれないね。

バイクでけがをしたとき、半分は罰が当たったと思った。でも、罰が当たったとしても生きているんだから、生きている以上、ちゃんとしたことをやるべきだと思ったんだよ。事故であのまま死んでいればそのまんまだけど、生かされているのは何か理由があるんじゃないか、だったら自分の仕事にちゃんと取り組むべきという気持ちになったんだ。

とはいえ、しばらくはからだが動かなかった。だから、とにかくからだを治そうって考えた。あれはからだ自体が治ろうとしていたことになるんだろうね。一日23時間、寝てたよ。30分で飯を食って寝て、という生活が続いた。起き上がれるようになっても、ゴルフ場へ行く間にふらふらになってたよ。

オイラ、根っからのエンターテイナーなのかもしれないけど、こんなオイラを見て喜んでるヤツもたくさんいるんだろうなって思ってたね。他人の不幸は蜜の味っていうからね。この世界で生きている以上、もしもダメになっていくとしたなら、そんなオイラもまた見てもらえばいいやとも思ってた。でも一方で、お前らに一泡吹かせてやる、絶対に復帰してやるぞ、という気持ちもあった。

テレビの情報発信力が下がってる理由

情報の伝達手段としてもエンターテインメントとしても、テレビが主役だった時代はとっくに終わってる。もうすっかりネットにお株を奪われ、テレビの存在価値はだだ下がりだ。

オイラがテレビに出始めたころは、ちょうど高度経済成長期が終わり、韓国で朴正熙大統領が暗殺されたり、イランでアメリカ大使館の人質事件なんかが起きたりしたころなんだけど、みんなはそういうニュースを全てテレビから得ていたんだ。ケネディ大統領の暗殺やアポロ11号の月面着陸といった大きなニュースも、やっぱりテレビが即時性の面からも映像としてのインパクトとしても情報の主役だったんだね。

それが今じゃ、スマホのネットニュースやSNSにオハコを奪われ、テレビの情報発信力が相対的に下がっちゃった。例えば、「イスラム国」なんかのテロ組織にジャーナリストが誘拐され、身代金を要求されたり殺されたりするようになったのも、テレビや新聞などの情報発信力が弱くなったからだ。

どういうことかというと、ネットが普及する前は、テロ組織や武装勢力にしてみると、自分たちの主張を広めるためには大手マスコミのジャーナリストを利用するしかなかった。BBCにしてもニューヨーク・タイムズにしても、テロ組織や武装勢力として無碍に扱えない存在だったんだ。

だけど、世界中のほとんどの人間がスマホを持ち歩き、そこから情報を得るようになると、テロ組織や武装勢力の側もX（旧ツイッター）やフェイスブックなんかのSNSを利用して自分たちの主張を広めることができるようになる。だから、取材に来たジャーナリストの連中を、それがBBCの取材班だろうがニューヨーク・タイムズの記者だろうが、そんなに大切にしなくてもいい。

もともと戦場では通用しないんだろうけど、戦地以外でもヘルメットにプレスって書いたり腕にプレス腕章を巻いてれば安全、なんて時代はとっくに終わってるんだ。

エンターテインメントの選択肢がやたら増えた

エンターテインメントにしても、「映画産業は斜陽」なんて言われ、東京ディズニーランドもまだできてなくて、ファミコンだってなかった時代。せいぜいバッティングセンターやボウリング場くらいじゃないかな、あのころの娯楽なんて。だから、みんなテレビのバラエティ番組とかお笑い番組を観てた。

国民のほとんどが無条件でテレビでやるものを喜んで観てたし、いろんな芸事を全国津々浦々に表現できるって意味でもテレビはすごく重要な装置だった。芸人にとっても、テレビに出るか出ないかで扱いが全く違った。

オイラもツービートで漫才ブームに乗っかったクチだけど、『花王名人劇場』（関西テレビ）とか『THE MANZAI』（フジテレビ）とか、視聴率が30％を超えるようなお笑い番組がたくさん出てくる。オイラが出てた番組の平均視聴率はだいたい20％。20％を切ると調子が悪くなったってんでスタッフが大慌てになった。

大橋巨泉さんと一緒にやった『世界まるごとHOWマッチ』（毎日放送）ってクイズ番組があったんだけど、視聴率は毎回30％を超えてた。それが29％に落ちたとき、巨泉さんがスタッフにどうなってんだって怒ってんのを見たね。

今のテレビ業界じゃ、番組の視聴率が軒並み下がっちゃって15％を超えようものなら提灯行列を繰り出してドンチャン騒ぎをするくらいのレベルだ。パソコン、インターネット、スマホ、ゲーム、情報伝達手段としてもエンターテインメントとしても、テレビ以外にたくさんのものが出てきた。テレビもチャンネル数が増え、衛星放送が始まって選択肢が増えたから、番組ごとの視聴率もどんどん下がっちゃったんだ。

ただ、オイラの番組は視聴率を気にすることはなかった。せいぜい15%あればいいくらいの気持ちで作ってたんだよ。もちろん、テレビ全盛期だと視聴率15%の番組なんて即打ち切り対象なんだけど、視聴率20%を超えるような番組ってのは、ある意味で惰性で観てる視聴者がいるってことだ。好きだから観てもらう、わかる人にはわかる番組を作りたいってことにこだわってたんだね。

よくテレビ局が、こんな企画でどうですか、なんて聞いてくることがあるんだけど、オイラは自分がやりたい番組じゃなきゃやりたくない。自分がおもしろいものを相手に押しつけてるのがテレビのエンターテインメントだと思ってるからだ。

オイラ自身がおもしろくないようなテレビ局側の企画をやってだよ、もしそれが受けたらいったいオイラの存在は何なんだってことだよ。そんなの嫌だからオイラはやんないの。

ネットの動画配信サービスの脅威

テレビ局がコンプライアンスにビクビクし始めたのも、情報発信装置として相対的にテレビの影響力が下がってきたからだよ。ほかにいろいろコンテンツがあるから、視聴者やスポンサーを昔ほど無視できなくなってる。何かあれば、すぐにＳＮＳで炎上し、それを他媒体がおもしろおかしく切り取って非難するしね。

今じゃ、ネットのエンターテインメントのほうが自由に作品を作ってる。ＮｅｔｆｌｉｘとかＡｍａｚｏｎＰｒｉｍｅみたいな動画配信サービスのことだけど、オイラもこうしたネットの映画とか連続ドラマ、よく観るよ。

オイラは、自分が出た番組をあとで見返すってことはほとんどしない。過去にやったことを振り返ったって、あんまり意味があることだとは思わないからだ。ネタ探しでよく観るのは衛星放送の海外ドキュメンタリーなんかだけど、今じゃそれがネットの動画配信サービスに変わった。

新型コロナのパンデミックで、ステイホームなんていって世界中の人間が家に閉じこもった。あの状況ってのは、テレビにとっては願ってもないチャンスだったんだけど、それを生かしたテレビ局はオイラの知る限りないね。どこもかしこも、しかめっ面したおもしろくもおかしくもない番組や再放送ばかりだった。

パンデミックを生かしたのが、こうしたネットの動画配信サービスだ。世界的に配信するから各国それぞれの規制ってのが通用しないからだろうね。もちろん年齢制限の表示があって、そうした予防措置は講じてるんだけど、暴力シーンや喫煙シーンもばんばん出てくるし、コンプライアンスなんてあんまり気にしないで作れるんだろう。

金も手間もアイデアもけっこうかけているし、何しろ世界中が相手のビジネスなんだからこうした動画配信サービスの影響力はどんどん上がってきてるね。

じゃ、日本発の動画配信サービスなんてあるのかって言われると、これがオリジナルの作品を作ったり、独自取材で問題を掘り下げるところなんてほとんどない。直前に放送した回を見返すサービスくらいしか作れない。

XやLINE、YouTube、Facebook、TikTok、Instagramなんかを見てもわかるけど、SNSだってすでに日本は海外のサービスに蹂躙されている。動画のエンターテインメントでも、日本はすでに負けてるんだよ。

民放テレビも有料化が必要だな

これを逆に考えると、民放テレビもNHKみたいに受信料を取るしか生き残る道はないね。有料にすれば、おかしなコンプライアンスでスポンサーに気を使うばかりの番組もなくなるだろうし、ちゃんとした制作費が出るようになる。動画配信サービスの金のかけかたはハンパないから、やろうと思えばできるはずだ。

スポンサーへのクレームっていえば、テレビを観てるヤツらは気に食わない番組があると、直接スポンサー企業のクレーム窓口に文句を言うようになってきた。テレビ局も広告収入が減ってきてるから、スポンサーの悪口も言えなくなってきて、出演する芸人は番組でもう何も言えなくなる。

番組で政府の悪口なんか言うと、スポンサーに「あいつは政治的な発言が多い」なんてクレームをつけるヤツが出てくる。事故や災害が起きて、それをネタにすると不見識だとかなんとかスポンサーのホームページの問い合わせに書き込むヤツも出てくる。

特にインターネットが広まって、みんながSNSで発信できるようになったから、テレビでの発言がいいように切り取られて炎上したりする。そうすると、火の粉がスポンサーにも飛んでくるから、テレビ局側も、あれは言うな、これを言うときには気をつけろ、表現を柔らかく、なんて注文をつけるようになった。

楽屋に入ると「本日のスポンサー」なんて紙が貼ってあって、出演者に無言の圧力をかけてくる。銀行系が入ってるとＡＴＭの不具合なんかネタにできなくなっちゃう。

スポンサー企業も営業利益ばかり気にするようになって広告宣伝費をかけなくなってるから、テレビ局の広告部もスポンサーを探すのに苦労するようになった。すると、スポンサー企業からの縁故採用ばかりが増えていって、どうしようもない。

多チャンネル化もあってスポンサー料が安くなってるのもあるけど、テレビ業界ってのは構造的に中抜きが横行しやすいようになってる。広告代理店が中抜きし、キー局が中抜きし、元請けの制作会社が中抜きし、実際に現場で番組を作ってる会社には雀の涙っていえば大げさだけど、かなり目減りした制作費しか落ちてこないわけだ。

特にお笑い番組ってのは、予算がないなかでやるのはけっこう難しいんだよ。なぜなら、金をかけて作ったセットが一瞬のうちに壊されちゃうようなナンセンスさ、高いところから一番低いところへ落っことされる落差がないと、笑いってのは生まれにくいからだ。落語のオチっていうように、この落差が大きいほど効果も大きい。

民放テレビの視聴を有料にすれば、スポンサーに気を使うこともなくなるし、過剰にコンプライアンスを意識したテレビの自粛も少なくなるはずだ。ひな壇芸人を十数組並べて少ないギャラですますようなことがなくなり、ちゃんとした芸人にはちゃんと食えるくらいのギャラを払うことができるようになるんじゃないか。

視聴者に媚びるばかりじゃおもしろい番組なんてできない。有料化したテレビで「この番組は賢い人しか観れません」とか、「内容が理解できないようならあなたはバカです」なんてテロップを出したらおもしろいんじゃねえか。

第四章

人間いつかは
誰だって死ぬ

死ぬことは人間に与えられた共通の宿命だ

光の速度が秒速30万キロを絶対に超えられないように、最終的には誰でも必ず死ぬからね。アインシュタインの相対性理論にも限界があって矛盾することもたくさんあるんだけど、物理学の世界ではとりあえず光の速度よりも速いものはないってことになってる。これは今のところ物理学では反論の余地のない教義になってる。

生きとし生けるもの全てはいつか必ず死ぬし、形あるものは全ていつか必ず壊れる。太陽だって、あと50億年もすれば寿命を迎えて白色矮星になるか、超新星爆発を起こすかしてなくなる。そのときはもちろん地球だってなくなる。

それと同じで、人間はいつか必ず死ぬってことが大前提だ。

逆境に負けるな、なんてのは頑張ってるヤツに対する応援歌みたいな話で、何兆円持ってても死ぬわけだよ。だから、ヤクザにいくら脅かされても、バカ野郎、お前だっていつか必ず死ぬんだからなって思えたら怖くなくなる。

死ぬことは人間に与えられた共通の宿命だし、それを前提にして科学や哲学、文化、芸術なんかができたのかもしれない。だから、いつか医療なんかの科学技術が進歩して人間が死ななくなったら、あらゆる価値観が逆転し、金も名誉もどうでもよくなるんだろうね。

そうなったら、生きる理由なんか何もなくなる。逆に、あいつは偉い、死ねるんだぜってことになるかもしれない。どうやったら死ねるのかね、なんてことが話題になるんだろう。

もし人間が不老不死の薬を作ったとしても、それは果たして死なないということなのか、それとも無理に生かされているのかわからない。いくら死なないって言っても、全身チューブで巻かれて管を体内に入れてベッドに縛りつけられていたら、それは生きてるって言えるのかという問題もあるし、脳だけが生きていて心肺機能が停止して人工心肺で生かされているような状態を、果たして生きているのか死んでいるのか判断できるのか、という問題もある。

人間は誰でもいつか必ず死ぬからこそ、金や権力に執着したり、自分の欲望に忠実に生きているのかもしれないね。死ぬからこそ、いい思いをしたい、このままでは死ねないなんて考える。もし死なないなら、別に金を持っててもしょうがないし、人よりいい生活をしても関係ないって思うんじゃねえかな。

死ななかったら人間は進歩しないだろうし、子孫を残そうなんて欲望もなくなるだろうから遺伝子が混ざらなくなって進化もしなくなるだろう。そういうことを考えると、宇宙のシステムとして、やっぱり人間は死ぬように運命づけられているのかもしれないね。

100人いれば100通りの幸せがある

格差社会だ、親ガチャだ、なんていうんだけど、オイラ、金持ちになれば幸せになれるなんて本心から思ってない。いくら豪華な家に住んでたって、今でも浅草の三畳間の安アパートのほうがよかったなんて思ったりする。だって、ゴロッと寝返りを打てば、逆の壁に積んだ本にすぐ手が届くし、天井の電気だってスイッチのヒモがぶら下がってるのを足の指を伸ばして消したりできたからね。

ひとりぼっちで豪華な邸宅に住んでるのと、安アパートで隣近所の気心の知れた連中とどんちゃん騒ぎをするのと、どっちが幸せかっていったら、オイラは安アパートに住んでるヤツのほうが幸せだと思う。今の資本主義経済万能の考え方だと、結局はどんだけ金を持ってるかで幸福度を測るしかない。そんなのは一面的な価値観で、幸せなんてのは100人いれば100通りあるんだよ。

金持ちが全てを持ってるわけじゃないし、金持ちが持ってないもんを貧乏な人が持ってたりする。世の中は、いろんな連中がいろんなことを考えながら生きてるんで、持ちつ持たれつの部分がある。どんな秀才だってパーフェクトの答えを出せるわけはなく、「三人寄れば文殊の知恵」なんて言うけど、バカだバカだって言われてたヤツが秀才の見落とした穴を見つけることだってあるわけだ。

そもそもどんな大金持ちだっていつか必ず死ぬ。オイラ、こないだアップルのスティーブ・ジョブズが死んだとき、iPhoneみたいなスマホを作って世界中の人間の情報を集め、大儲けしたって、がんひとつ治せないで死んじまったじゃねえか、なんて言ったんだけど、イーロン・マスクにせよ、ビル・ゲイツにせよ、途方もない大金持ちが現れてきてるけど、死ぬことだけは避けることができない。

しょせん世界の金持ちなんて言ったって、がんひとつ治せないで死んでいく。ロケットに乗って宇宙へ行く前に自分の作った電気自動車に乗っていて事故で死ぬかもしれないわけだよ。

ようするに、いくら金を持っているといっても、いつかは必ず死ぬという人間の運命を変えることはできない。がんも新型コロナもそうだけど、病気なんていうのは金持ちも貧乏な人も関係なく、かかるヤツはかかる。

人工冬眠の技術ができても、再生医療が進歩しても、人間が不老不死を手に入れることは永遠にできないとオイラは思う。棺桶の中にまで金を入れたって、死んじまったら使えないんだよ。

何にでも終わりがある

誰も死ななくなったら、絶対に死ねない怖さってのが出てくる。人間は不死を求めたりするわけだけど、もしも死ななくなったら死ぬってことが改めてどういうことか問われるんだろうね。

そう考えると、マラソンだって42・195キロだし、スポーツにせよゲームにせよ小説にせよ映画にせよ、あらゆることに終わりがあるのは、人間が死ぬってことに関係してるのかもしれない。

死があるからこそ世界記録が生まれるんだよ。マラソンがエンドレスならどうしようもないもんな。ルームランナーなんてのもずっと走っていて何が楽しいんだろうなって思う。やっぱりどこかに区切りが必要で、死ぬことが宿命だから科学や文化なんかが生まれたんだろうな。

だから、人生をマラソンに例えるなら、ゴールすることが目的じゃないってことなんだろうね。途中で走るのをやめちゃったっていいわけだ。もちろん、いろんなヤツがいたっていいし、42・195キロを8時間もかけてゴールしたヤツが偉いのかもしれないし、スタートから全速力で走って400メートルくらいでギブアップしたヤツが偉いのかもしれない。

とにかく、走ることが好きで、走ってる間は走ることに没頭し、それで成功するかしないかなんてのは二の次で走ってる。そういうヤツを否定することはできないね。

オイラにだって、死ぬのが怖かったころがある。死ぬのが怖いというより、まだ何も成し遂げてないのにこのままじゃ死ねない、っていうような焦燥感だな。

オイラが浅草にたどり着くまでは、本当に何もしてなくて遊んでばかりいた。高校時代も大学時代も、自分とはいったい何者か、将来すげえことをやるような人間なのか、自信もなく不安定でふらふらしていて、自分の未来が見えなくて不安ばかり抱えて悶々としてた。

高校時代は好きな野球にも打ち込めなかったし、大学の授業にもほとんど出なかった。これからの時代はエンジニアだって母ちゃんの言うままに工学部に入ったけど、卒業したらどこかのメーカーの技術者になって結婚して子どもをつくって定年を迎える、なんて人生が全く自分にとってリアルに感じられなかったんだ。

あのころはオイラの人生で最も自分に焦ってた時代なんだろうね。だから死ぬのが怖かったんだ。

第二志望で成功するルートってのもある

でも、どうしても一歩を踏み出せなかった。実家のある足立区から大学まで行くのに新宿駅を通るわけだけど、大学へ入ってすぐにオイラは新宿でふらふらするようになる。新宿には当時、アングラ劇団とかジャズとかヒッピーとかフーテンとかドラッグとかヌーベルバーグとかニューシネマとか、そういったカウンターカルチャーが山のようにあって、そういうのが好きな連中が集まっていた。

オイラは特にジャズとか映画が好きだったから、そっちの方向へ進む道もあったはずだ。だけど、どうもしっくりこない。肌感覚が合わないというか、ジャズにしても映画にしても好きであることと自分がその世界でどうこうするのとは違うからね。

そんなオイラでも、なぜか下町の文化、落語とか演芸、お笑いなんてのは、これならオイラにもできるかもしれない、なんて思わせてくれる何かがあった。オイラは東京の下町で生まれ育ったから、そうした世界になじみやすかったのかもしれない。

だけど、お笑いってのは、オイラが一番やりたかったことじゃなかったんだ。いわば第二志望だったんだけど、その第二志望で成功できたから、映画を撮ったり、絵を描いたり、小説を書いたりする、自分にとって本来やりたかったことができるようになった。

もちろん、全ては後付けなんだけど、結果的に今そうなっているのは確かだろう。不思議なことに人生には、第二志望をやってから第一志望ができるようになるなんてルートもあるんだ。

サラリーマンでも同じことがあるんじゃないかな。広告宣伝がやりたくて入社したものの、配属されたのが経理部で落ち込んで、でもだんだん経理の仕事がおもしろくなってやってたら上司から評価され、最後には宣伝担当の役員になって権限を持って自分の好きなことができるようになった、なんてさ。

評価するのは自分じゃなくて他人だから、自分の好きなことで評価されるとは限らない。自分の好きなことってのは、得てしてのめり込みやすいもんだから、客観的に自分の仕事を眺められないってのもある。

もしかすると、第二志望か第三志望くらいのもののほうが成功する可能性は高いのかもしれない。なぜなら、仮にそれで失敗してもたいしてめげないだろうし、自分を客観的に眺められるからだ。

神という存在の意味

信者から金を巻き上げていたカルト宗教が問題になって、宗教法人格を剝奪するかどうかなんてことになってる。カルトじゃなくたって、しょせん今の宗教は現世利益しかない。その宗教に入信したら、その宗教の教義を信仰したら病気が治った、会社の経営が良くなった、学校に受かった、そんなんばっかりだ。

目的は病気が治ればいい、会社が立ち直ればいい、希望校に受かればいい、というわけで、そこには神の存在なんて必要ない。アフリカの奥地に手品師を連れていったら神様になっちゃった、みたいなことでもいいわけだから、逆に考えると、神って存在は場所場所でどこにでもいるとも言える。

ところが、人間は昔から神という存在を作り上げてきた。仏教には仏陀、キリスト教だとイエス・キリスト、イスラム教ならアッラー、いろいろある。

キリスト教とイスラム教が争った十字軍の戦いなんかを知ると、どっちももとは同じ神がルーツなんだから、いったいそんな神って何なんだよって思うね。だから、オイラは、そこに神が存在しなくたって素朴な願いをかなえる現世利益の宗教のほうが、戦争を起こすような宗教よりいいんじゃないかとも思う。

古来から日常生活の中で願い望むこと、例えば豊作になるようにとか雨が降るようにとか逆に水害が起きないようにとか獲物が捕れますようにとか、あるいは自分ではどうしようもできない不条理な現実に直面したときにすがるために、人間は神という存在を作ったわけだ。自分たちが自分たちのためにつくった神なんだから当たり前なんだけど、いくら願い望んだって神はそれをかなえてなんかくれない。

殺人をするような悪いヤツが幸せに死んでいくなら、殺された被害者の家族は、この世に神なんていないるのかって嘆くわけだ。もちろん、この世の中には悪いヤツもいるし、誰かに殺されちゃうこともある。

神が願いをかなえてくれない理由

神って存在は、人間が頭の中で作り出したもんなんだから、神が人間の限界を超えることはできないんだろう。どう頑張ったって、人間は神にはなれないんだから、神がどんなものかなんて人間が理解できるはずもない。

オイラは無神論者に近いんだけど、人間が困ったとき、どうしようもなく苦しいときにやっぱり神にすがる気持ちはわかる。人間ってのは勝手なもんで、なんでもかんでも神のせいにしてすまそうとする。

ただ、当然だけど、神ってのは思ってるほど万能な存在じゃない。無差別殺人の被害者だって戦争で殺されるヤツだって、みんな神に助けを求めたわけだけど、オイラの知る限り、それで助かったヤツなんてこれまでひとりもいない。もしも神が存在するなら、無差別殺人や戦争の悲劇は起きないのか。

祈ったり願ったりしても神が何もやってくれないことに対して、人間ってのはどういう考え方をしたのかといえば、神は人間を試しているんだという理屈だ。

例えば、ある宗教学者は「あなたは神にそうした悪いこと、悲劇の全てを止めてほしいのか」と問いかける。この世の中の悪いことを全て神が止めてしまうとすれば、人間の選択の自由はなくなる。祈ったり願ったりして、それを神が全てかなえてしまったら、人間の考え方や行動の自由なんて一切なくなるんだ、と。

なぜなら、それは全て神がやってくれるからで、人間の意思はそこに介在しなくなるからだ。悪いことをする自由すらなくなってしまう。人間の選択の自由がなくなるという意味は、その宗教学者曰く、人間が神にこんなことをしてもいいのですかとか、こんなことは悪いことですかとか、問うたり許しを乞うたりするようなことがなくなれば、それは人間が神の単なる奴隷になってしまうという意味であり、神に全てを委ねるというのは神の奴隷になっちゃうことと同じなんだね。

神は人間を試しているという理屈だと、いいことをする自由も悪いことをする自由もあるけど、神は果たしてお前はどちらを選ぶのかという選択肢を人間に残していることになる。いいことも悪いことも、人間に考えたり選択したりする余地を与えるのが神の役割というわけだ。

オイラ、それもひとつの考え方なのかもしれないなと思うけど、それは神の存在を信じている、あるいは神を信じさせたい連中の方便や詭弁なんじゃないかとも思う。連中の理屈でいえば、神は本当は万能なんだけど、人間を試すため、人間に選択肢を残すために何もしてくれないんだよ、なんて説明してごまかすわけだ。

神は不幸と幸福、どちらもよしとする

3人いれば宗教ができるなんて言うヤツがいるし、今になって新興宗教の被害者が急に現れたわけでもなく、昔から宗教に翻弄されるような人間はたくさんいた。人間が自分に都合のよい存在として求めている神なんてのはいるわきゃないし、もし神ってのがいるとしてもそれは実にいい加減な存在だと思う。

カトリックの免罪符も、マルティン・ルターの宗教改革で宗教的に金儲けが許されたなんて話からしても、まやかしみたいなもんなんだよな。今まで人間の歴史には実にいろんな神がいるんだけど、平和な世界になったわけでもなければ、みんなが幸せになれたわけでもない。そもそも十字軍なんかもそうだし、イスラエルとパレスチナの問題もそうだけど、古今東西の宗教戦争なんかを見てもわかる通り、最も人間を殺しているのは宗教であり、神だともいえる。

１９９０年だから、オウム事件より前なんだけど、オイラは映画にもした小説『教祖誕生』ってのを書いたことがある。その小説の冒頭で、山の両側に住むお互いを知らない家族が、一方は山鳩のヒナを、一方は鷹のヒナを育てる。どちらのヒナもすくすく育って、一方の家族は大きくなった山鳩を、一方の家族は鷹を空へ放つ。

そうすると、鷹が山鳩を捕らえてしまう。山鳩を育てたほうは悲しみ、鷹を育てたほうは喜ぶわけだ。この小説は、山鳩と鷹のヒナを育てるという一つの出来事が、不幸と幸福、二つの事件を生むというシーンから始まる。

神はその二つの事件のどちらもよしとする。しょせん、神なんてそんな存在なんだということを冒頭に書いている。

せっかくヒナから育てた山鳩が鷹に捕らえられて死ぬなんて、神も仏もないわけだけど、それは自然の摂理でもある。そうしたことを全部含みおいて、なおそれを全部許すというのが神という存在なんだね。

基本的に人間の頭ってのは、理解できないものを理解しようとするようにはできてない。理解できないのは、それは神のような存在がいるからだ、なんてふうにまとめてしまう。

神ってのは、人間が作り出したもんだから人間にとって都合のいい存在で、説明できない現象とか理解できない幸運や不幸みたいなものを納得させるためのツールなんだろうね。農耕が始まったころ、豊作と凶作がなぜ起きるのか、理解できないので神頼みをして祭りを始めたようなもんだ。

死後の世界はない

神は存在するとして、人間が考えたり選択したりする余地を残すために何もしないというのなら、人間が考えたり選択するのをやめると神の奴隷になってしまうという考え方があるって前に述べた。そう考えると、今の時代はＧＡＦＡＭなんてのが神のような存在ともいえる。連中が情報や伝達手段、ビジネスなんかの全てを握っていて、我々が自分で何も考えず、何も選択せず、何も決めないとすれば、我々はＧＡＦＡＭの奴隷ということで、それを考えると恐ろしくなるね。

だけど我々にはいつでも「死」という最後の手段がある。死んだら終了するというのが、神の奴隷にならない最後の手段なんじゃないか。

いつでも死ぬことができるというのは、死を恐れないことでもある。そして、自分で考えたり迷ったり、選択するということにもつながる。それは神を商売にしたい連中にとって、あんまり都合のいいことじゃないいんだろうね。

だから、神を商売にしたい連中は、死ぬのが怖いなんて概念を作って、我々を奴隷状態に置いておきたいのかもしれない。死んだら地獄に落ちるぞ、なんて脅しも同じかもしれない。

そういやオイラ、閻魔大王のギャグをやったことがある。死んだらいくつも地獄があって、閻魔大王から好きな地獄を選べと言われるんだけど、氷地獄は寒くて嫌だし、炎地獄は熱くてつらそうって思ったら、残ったのはウンコ地獄だった。見ればみんな、ウンコの池に肩まで浸かってタバコを吸ってる。なんだ、臭いのを我慢すればいいだけだろう、タバコも吸えるしってウンコ地獄を選ぶわけだけど、ウンコの池から首を出して一服してたら、鬼が出てきて「はい、休憩時間終わり。みんな潜って!」って。休憩とウンコの池に潜るのを繰り返す地獄なんだ。そんな地獄は誰だって嫌だね。

今の若い世代は欲望があんまりないんじゃないかって言うヤツもいる。今の世の中が生きづらいって言うヤツもいる。若者の自殺者も多いんだけど、今の現実は架空のもので死後に本当の現実がある、なんて言うヤツもいるよね。

宗教の話でよく天国と地獄とか、死後の世界とか輪廻転生とか言うけど、そんなものは誰も証明したこともなければ見たこともないわけだ。オイラは、死ぬときに天使が降りてきて天国に連れてかれるなんて信じてないし、地獄もなければ閻魔様なんかいるわきゃないし、臨死体験なんかも単なる脳の化学反応だと思ってるからね。

死ぬってことはどういうことかといえば、今までくっついていたオイラのからだを構成している原子や分子がバラバラになって地球環境に散らばるだけのことなんだよ。頭の中の思考だって、脳を構成している原子や分子がくっついて起きている現象なんだから、死んで原子や分子がバラバラになったら思考だって残るはずはない。

こう言うと、思考は残っていて電波のように宇宙を漂っている、なんて反論するヤツもいる。死後の世界ってのは、未開の地だからね。

今の世界はGAFAMみたいな巨大なシステムが全てを支配していて金も集めているわけだから、この流れに乗れないようなヤツが、「現実世界には夢も希望もないから死んだ先に期待するしかない」って考えるのもわかる。

だけど、未開の地である死後の世界も、いずれ科学が進歩して単に原子や分子に戻るだけだと証明され、夢も希望もないって話になったらどうするんだろうな。

オイラは素粒子論とか量子力学とかが好きなんだけど、原子は原子核と電子から成り立っていて、原子核は核子から成り立っていて、その核子を構成しているのが、物質の最小構成要素のひとつであるクォークといわれる素粒子なんだ。ハイゼンベルクの不確定性原理だと位置と運動量を同時に計測できないんだけど、原子核の周りを回っている電子の位置関係まではわかってきてるようなんだね。

この原子や電子、クォークが何らかの意思を持っていると考えると、もしかするとオイラのからだを構成する原子や分子にも意味があるように思えておもしろいんじゃねえかって思ったりする。

言葉の意味さえ変わってしまう

支配する側から抑えつける圧力ってのは、どんどん強大になってきている。国や権力者にとって都合のいい人間をいかに増やしていくかというのが支配する側の考え方だとすれば、かつての「武士は食わねど高楊枝」という言葉は、もともとの意味から単なる貧乏な人の戯言になっちゃったんだよな。

これはあらゆることに通じるんだけど、本来の言葉の意味まで変わってしまうような時代になっている。もちろん、言ってる本人は貧乏な人の誇りや生き方のバックボーンとして、本来の意味合いで主張しているのかもしれないけど、その言葉が発信された瞬間に、それは貧乏な人のやせ我慢だって、外部に受け取られるような時代なんだよ。

だから、自分本来の生き方をするのが非常に難しくなっていて、あえてそんなことを言わないほうがいい時代になっちゃったのかなと思う。今の時代は、自分の生き方や考え方をあまり外部に発信しないほうがいいのかもしれない。

だって、それは間抜けな民主主義と一緒で、自分の生き方や考え方が少数意見だと、大多数の意見につぶされちゃうような時代なんだよ。「武士は食わねど高楊枝」って言葉にすると、「貧乏な人のひがみだ」ってとらえるのが大多数の意見だから、いくら自分の価値観や生き方の意味から「武士は食わねど高楊枝」って言っても、誰もそれを理解してくれないんだから。

しかも今の時代、権力者や富裕層なんかの支配する側は、間抜けな大多数をなるべく増やそうとしてるんだから、そんな中で個人や少数で抵抗しようにも大多数がバカだとすれば否定されて終わってしまう。だったら自己主張はせず、内心を表に出さないほうがいいという時代になっているのかもしれないね。

沈黙は金の時代

そんな中でどう生きるのかってことなんだけど、こうした単純化した間抜けな民主主義みたいなやり方に反発すればするほど敵が増えて叩かれるだろう。オイラとしては、やっぱり一番いいのは自分の考え方を隠すことじゃないかって思ってる。

世の中がプラスの方向へ行くんなら、口では「自分はプラスがいいと思っている」と言いながらも実は「いつかはマイナスになるぞ」なんて自覚を持ちながら生きていく。世の中がイエスかノーかなんだから杓子定規にそれを受け入れて生きていこうなんてのは大きな間違いで、声を大にして反発するのも違うと思うけど、表面的には世の中の流れに逆らわないように振る舞いつつ、頭の中ではいつかは復讐してやるって生き方をしなきゃダメな時代だと思う。

こうした表面的な振る舞いとは別の思考で生きていくってことは、片方だけに頼っていても対応できないんだから、常に逆側のことを考えなきゃダメなんだよ。できたら、逆側にならないほうがいいのかもしれないけれど、逆側の時代が訪れるかもしれないし、そのときに片方のシステムをいいと思っているかどうかも問題だけど、今の体制がよくないと思っているとしたら、その考えをあまり表に出さないで生きたほうがいいんだ。

ようするに、数の多さに頼ってるヤツらにまともな人間なんかいないんだから、バカを相手にケンカしなきゃならなくなる。まともなヤツはいないとしても、そいつらはそのときの体制がいいと思い込んで多数派になってるわけだから、そいつらをバカって言っても逆に叩かれるだけなんだ。

人間の頭ってのは不完全なもんだ

オイラ、宇宙論とか相対性理論なんか、大好きなんだけど、突き詰めていくと数学の世界になっちゃうからわからなくなっちゃうんだよ。ブラックホールとビッグバン、空間の歪みなんていう理論や概念は頭ではわかっていても、本当にそうかなぁという気持ちはある。

人間の脳ってのは実に不完全なしろものだなって思うのは、無限大と無限小という概念があっても最後のところはよくわからない。

例えば、π（パイ）が３・１４１５９２６５３５８９７……なんていって、小数点以下に数字が延々と続いていまだに人類は計算し尽くしていないわけだ。円周率ってのは、円の直径に対する円周の長さの比率なわけで、現実には円はつながっていてどこかで途切れたりはしていない。ということは、人間が到達できない、どこまでも割り切れない世界があるんだね。

円という概念はつながっているんだから、円周率はどこかで終わるんだろうけど、無限の細かさで普通は粒子のサイズくらいで終わらないとおかしいんじゃないかと思う。だけどそうじゃない。そこまでいくとわかんなくなっちゃうんだよ。

この無限大と無限小という考え方だと、二乗するとマイナスになる虚数なんてのもある。虚数は交流電力のインピーダンス（電気抵抗の値）なんかを計算するために人間が都合よく作り出したんだけど、その意味もよく理解できていない。

同じようなもんに、「アキレスと亀のパラドックス」があるんだけど、あんなバカな話は現実にはない。どういう話かというと、前をいく亀を追い越そうと、アキレスが亀を追いかける。亀がいた地点までアキレスがたどり着いたときには、亀も止まっているわけではないので、少し先の地点にまで移動している。その少し先の地点にアキレスがたどり着いたときには、亀はさらに先の地点に移動しているはず。これをいくら繰り返しても、アキレスは永遠に亀を追い越せない、というものだ。

ただアキレスが亀を越える瞬間というのは確かにあって、人間の脳っていうのは不完全だから、それをパラドックスととらえてしまうんだな、なんてことを思ったりする。

素粒子論とか高等数学とか円周率とか、古今東西の偉大な数学者が考えてもわかんないもんは、宇宙から知的生命体がやってきて教えてくれたら、なんだそんなもんかってわかる日がくるのかもしれない。

という具合に、つくづく人間の思考には限界があるって思うし、数学や物理学なんてのを考えてみると、現実世界を表しているわけでも完璧なものでもない。不完全な人間が作り出した独特の世界観から生み出されたものなんだよね。だからこそ、今の現実世界が解決できないあらゆる矛盾や問題、争いなんかが出てきているんじゃないかとも思う。

重要な疑問は解決されないまま

人間はほかの生き物とどこがどう違うのかといえば、全く同じなんだよ。人間の祖先は数百万年前にチンパンジーなんかの祖先と分かれたっていうけど、今の人間が考える幸せとチンパンジーの幸せは感覚が違うだけで、幸福度なんてのは全ての生き物が同じように感じているんだろう。

バクテリアなんかの微生物にも幸福度があるのか、なんて考えたらバクテリアにはバクテリアの幸福度があって、バクテリアの一生の充実度なんてのは人間とそう変わらないと思う。生き物ってのは、そういう意味では平等なんだよな。

前のほうでも書いたけど、なんで人間は生きていかなきゃならないのか、なんでウシャブタを殺して食べなきゃ生きられないのか、殺したウシャブタを食べて原子や分子の栄養素として取り入れたときにウシャブタは果たして死んでるのか、食ったヤツの中で生きてるんじゃないか、なんていういろんな疑問に人間は答えられない。

人間はここまで進化し、進歩してきたんだけど、こうした未解決の問題を放りっぱなしだから、相変わらず人種差別やヘイトクライム、戦争なんかがなくならない。いろんな問題や疑問を解決できずにいる人間というのは、実にアバウトでいい加減で不完全な生き物なんだよな。人間が狩猟採集から農業を始めて産業革命からこっち、なんとかやってきたけど、根本的な問題に向き合わずにきたから、新型コロナもそうだし異常気象や地球温暖化もそうだけど、今は本当にあらゆることに行き詰まってる。

自分の脳を扱いきれずに暴走させている人間

人間の脳ってのは、実に得体の知れないもんだよね。痛みに耐えたりプラセボの薬でも治っちゃったり、逆だと船酔いしがちなヤツに車に乗ってるのに船の話をするだけで酔っちゃったりする。

こうした得体の知れない脳を持たされた人間は、自分の脳でさえ、ちゃんとコントロールできないし、その得体の知れなさも理解できていないわけだ。人間はほかの生き物と同じなのに、なぜ超越した存在のように振る舞うのかというような重要な疑問をほったらかしにしてきたのと同じように、自分の脳さえ満足にコントロールできないというギャップが、いろんな問題の背後にあるのかもしれないね。

例えば、マルクスやレーニンがあれだけ理想的な世界として目指した社会主義や共産主義なんだけど、ソ連は崩壊したし、中国や北朝鮮は独裁国家としてしか存在し得ない。そうかと思えば、日本みたいに資本主義を突き詰めたあげく、共産主義みたいになっちゃう国もあったりする。こういうのを見てると、人間ってのは自分の脳を扱いきれなくなって、脳が暴走してるんじゃないかと思うんだよね。

生きづらい時代とか言われ、自殺して現実から逃れようとする人も多いわけだけど、自分の脳は得体の知れないもんだし、せめて暴走させないようにするってのが大事なのかもわかんないね。

客観脳のススメ

芸事のところでも書いたけど、オイラの場合は別の自分が外にいて何かをやってるオイラを客観的に眺めたりしている。二つの脳があるってことなのかもしれないけど、生きづらさを感じている人は一度、脳が自分なのか自分が脳なのか、ちょっと考えてみたらどうだろう。

自分がいて考えるのは自分だけど、そうやって考えているのとは別のもうひとつの脳があるっていうイメージだ。自分の脳を二つに分けてみようっていうね。

オイラは子どものころ、叱られることが多かったんだけど、「あ、こいつ、怒られてやがる」なんて客観的に自分を眺めている別の自分がいたんだよね。

学校にすごく怖い先生がいて、いつもビンタされる。みんなを一列に並ばせて、先頭のヤツから順番にビンタして、鼻血出してるヤツなんかもいて。オイラは6人目くらいに並ばされるんだけど、順番がどんどん近づいてくるわけだ。3人目くらいになったとき、突然、オイラは自分のことを俯瞰して見てて、「あ、こいつ、もうすぐ殴られるぞ、痛えぞ」なんて言ってるんだ。それは外へ出たオイラ自身なんだよね。

あるいは、オイラは実家がペンキ屋だったことで、小さいころによくイジメられたりしたんだけど、自分が本当に辛いと、ポンッとオイラ自身が自分のからだの外へ出た。オイラが殴られていたりイジメられているんじゃなくて、外へ出たオイラがオイラではないそいつを「北野くん、イジメられてる」って客観的に見ている。

それからそんなクセがついたんだろうね。このクセは、自分の芸能活動ではすごくためになった。だから、漫才をやるときにネタにする人間を客観的に分析するなんてことは得意だったね。

いいこともあったけど、逆に何がつまんないかっていえば本当におもしろいって思ったことがないんだよね。金をもらってもうまいものを食っても欲しいものを買っても、客観的なオイラが「こいつ、金もらえてうれしそうだな」って冷静に眺めているわけだからね。

だから、楽しそうに車を磨いてるヤツとか、本心からうれしそうなヤツを見ると本当にうらやましかったもの。

あまりに自分を客観的に見るってのは問題なときもある。例えば野球の試合でも点差が開いて、もう勝てないって思ってしまったら本当に負けちゃう。だけど、諦めないで夢中になってやってたら、まぐれで勝っちゃったりすることもあるからね。

人生ってのはいろんなことが起きるわけなんだけど、そうした現実の真っただ中にいる自分と、その自分を眺めているまた別の自分というのをイメージしてみて、自分の状況を客観視してみるのも、つらい現実を受け止めるひとつの方法かもしれない。

あとがきにかえて　〜人生に期待するな

夢に向かって努力しろとか、好きなことで生きていくとか、自分らしさを生かせとか、やたらとそういう言葉を耳にする。

日本が貧乏だった時代には、そんなこと言わなかった。あの時代には「清貧」が、道徳だった。だけど最近の道徳の教科書には、そんな言葉は見つからない。清く貧しく美しくなんてのは、もうはやらないらしい。

時代が変われば、道徳は変わるものだが、今の人類が置かれた立場を考えれば、むしろ夢をかなえようなんてことより、清貧のほうが大事なんじゃないの、と思う。

地球上で起きている問題の大半は、人間があまりにも多くのエネルギーや資源を無駄遣いしていることが原因だ。

中国の全人口が、アメリカ人と同じくらいエネルギーを消費するようになったら、地球は保てないなんて言われている。

このままだと、どう考えたって文明は破綻する。

現代人は今すぐにもライフスタイルを改めなくてはいけないはずなのに、その話はいっこうに進まない。節電や節約くらいで、この問題が解決するとは思えないけれど、それでも解決に向けた最初の一歩にはなる。それは誰もがわかっているはずなのに、そういうことにはあまり真剣にならない。

節約というのは、結局のところ経済活動のマイナスになるからだ。みんながモノを買わなくなったら、消費が落ち込んで、経済成長率は下がって、世の中は大変なことになる。

だけど、じゃんじゃん消費して、どんどん経済成長して、みんなで豊かになろうっていう高度経済成長期の幸福論は、バブル崩壊だの、大災害だのいろんなことがあって、いったんは否定されたはずなのだが、今も脈々と生きている。

夢を持てというのも、そういう話だ。

とにかく成功して、金持ちになって、贅沢できるようになるっていうのが、普通の大人が普通の子どもに教えている夢の中身だ。

夢を持てっていうのは、前向きに生きろってことなんだろう。

夢がかなうと信じて、一生懸命に勉強したり、スポーツに打ち込めってことだ。子どもの鼻先に夢という名のニンジンをぶら下げているわけだ。

だけど、夢を持てば、誰もが一流スポーツ選手になったり、大金持ちになれるわけじゃない。努力すれば、きっとなんとかなるって、そんなわけないだろう。一生懸命やってもうまくいくとは限らなくて、どうにもならないこともある。それが普通で当たり前だってことを教えるのが教育だろう。

お笑いの世界にも、近ごろは何を勘違いしたか、そういう成功を求めて飛び込んでくるヤツらがたくさんいる。

昔は、子どもが芸人になるなんて、親の恥だった。うちの母ちゃんは、オイラが浅草のフランス座で働きだしたときは、「息子は留学してます」なんて近所に言ってたくらいだ。

今はもう、そんなことを言う親はいない。

きっと芸人はもうかるっていう話が広まったからだろう。実際にもうかっている芸人なんて、それこそ一握りでしかないのに。その、ごく一握りの人にスポットライトを当てて、夢を見ろとあおる。

世の中に余裕があるから、そんなことを言っていられるのだ。

夢に向かって頑張っていた子どもが、定職に就かなくても、なんとか食っていける世の中だから、「夢を追いかけろ」なんて無責任なことが言える。

昔はそんなに甘くなかった。

ちゃんとした職業に就かなければ、路頭に迷うんじゃないかって親は心配したものだし、実際そういうことはいくらでもあった。そういう時代には、誰も夢を持てなんて言わなかった。というより、うっかり夢を語ろうものなら、親に叱られたものだ。

「医者になりたいだって？　何いってんだ。お前はバカだし、うちには金がないんだから、なれるわけないじゃないか」

「画家になりたい？　バカヤロウ！　絵描きで飯が食えるわけがねえだろ」

頭をひっぱたかれて、それで終わりだ。夢なんて追いかけてないで、足元を見ろというわけだ。乱暴だけど、それが庶民の知恵だった。


今なら、子どもの可能性をつぶす悪い親ってことになるのだろうか。

もし本当にその子に医者や画家になる意志と能力があるなら、そうやって頭を叩かれながらでも医者や画家になるだろう。

本当にやりたいことがあって、頑張っているヤツを否定するつもりはない。成功しようがしまいが、それがそいつのやりたいことであれば、思う存分にやればいい。だいたいそういう人間は、夢を持てなんて言われなくてもやり遂げる。


人がほんとうに生きられるのは、今という時間しかない。

昔は夢なんかより、今を大事に生きることを教えるほうが先だったのだ。

まだ遊びたい盛りの子どもを塾に通わせて、受験勉強ばかりさせるから、大学に合格したとたんに何をすればいいのかわからなくなる。


夢なんてかなえなくても、この世に生まれて、生きて、死んでいくだけで、人生は大成功だ。

オイラは心の底からそう思っている。

どんなに高いワインより、喉が渇いたときの一杯の冷たい水のほうが旨い。母ちゃんが握ってくれたおにぎりより旨いものはない。

贅沢と幸福は別物だ。
つつましく生きても、人生の大切な喜びはすべて味わえる。
人生はそういうふうにできている。

北野 武